｜税收基础知识｜增值税｜消费税｜
｜城市维护建设税及教育费附加｜企业所得税｜
｜个人所得税｜房产税｜印花税｜车船税｜税收征收管理｜

中小企业纳税常见问题解答

运玉贞｜编著

精华版

精通纳税工作的百科全书
提升实战能力的行动指南

中华工商联合出版社

图书在版编目（CIP）数据

中小企业纳税常见问题解答 / 运玉贞编著. -- 北京：
中华工商联合出版社, 2018.8
ISBN 978-7-5158-2413-0

Ⅰ.①中… Ⅱ.①运… Ⅲ.①中小企业－企业管理－
税收管理－中国－问题解答 Ⅳ.①F812.423-44

中国版本图书馆CIP数据核字(2018)第188537号

中小企业纳税常见问题解答

作　　者：	运玉贞
策划编辑：	付德华
责任编辑：	关山美
封面设计：	北京聚佰艺文化传播有限公司
责任审读：	于建廷
责任印制：	迈致红
出版发行：	中华工商联合出版社有限责任公司
印　　制：	北京毅峰迅捷印刷有限公司
版　　次：	2018年10月第1版
印　　次：	2018年10月第1次印刷
开　　本：	710mm×1020mm　1/16
字　　数：	300千字
印　　张：	17.75
书　　号：	ISBN 978-7-5158-2413-0
定　　价：	58.00元

服务热线：010—58301130
销售热线：010—58301130
地址邮编：北京市西城区西环广场A座
　　　　　19—20层，100044
http://www.chgslcbs.cn
E-mail：cicap1202@sina.com(营销中心)
E-mail：gslzbs@sina.com(总编室)

工商联版图书
版权所有 侵权必究

凡本社图书出现印装质量
问题，请与印务部联系
联系电话:010-58302915

前言

preface

　　纳税是每个企业日常经营过程中面临的一项必不可少的重要事务。但纳税过程的烦琐却往往让人摸不着头脑：纳税金额如何准确计算？各种各样的申报表格如何正确填写？如果出现差异该如何进行纳税调整？应纳税所得额的可扣除项包括什么？不同的税目采用哪级税率？企业是否属于税收优惠的范围，如果属于，适用哪项优惠政策……关于这些问题，税法的规定往往繁杂无序，让人无法条分缕析、清晰明了。企业如果无法妥善解决这些问题，不仅浪费人力物力，更影响企业在纳税主管部门的纳税形象……针对初次接触税务工作的人员，本书应运而生。

　　本书内容充实丰富，结构简单明了，各章节重点突出，各税种讲解由浅入深、循序渐进，具有依托前沿、内容实用、结构新颖、形式活泼、语言流畅等特色，在本书的指导下，第一次接触税务的企业财会人员也能对税务工作得心应手。

　　本书根据最新税收法规要求编写，详细介绍了会计人员在实务中所接触到的各项涉税工作。本书涵盖了税收的基础知识、增值税、消费税、城市维护建设税及教育费附加、企业所得税、个人所得税、房产税、印花税、车船税等税收相关知识，并在本书最后介绍了税收征收管理的相关规定，包括税务管理、税款征收、税务检查和税收法律责任。掌握上述知识，企业会计人员基本可以在日常工作中常见的税收事项上应对自如。

采用问答形式是本书的一大特色。一问一答的方式，简洁明了，直指问题关键，系统地从各个角度解答与纳税有关的实际问题，在特殊问题上，本书还会辅以短小生动的案例加以进一步的说明。本书内容丰富，资料翔实，选材极具实用性和操作性，读者既可以系统地学习税收知识，也可以在碰到问题时像字典一样地查阅此书，有利于会计人员比照自身的工作，有的放矢、有针对性地学习税务知识、积累经验，达到事半功倍的效果。

拿起这本书，你会发现，对企业的纳税工作你原来可以如此得心应手。

编写本书，作者尽管已是殚精竭虑，但由于水平有限，时间紧迫，不周之处在所难免，恳请读者朋友们谅解。

最后，对一贯支持我们的广大读者朋友和对本书的出版做出努力的朋友一并表示感谢。

作 者

目录

contents

第一章　税收基础知识

[本章导读]

纳税是企业对国家的一项基本义务，作为企业，依法纳税是合法经营的最基本要求。

在本章的学习中，我们将重点学习以下知识。

第一，如何理解税收、税法的概念，它们彼此之间的关系是怎样的？

税收是指国家依法对负有纳税义务的单位和个人征收一定货币和实物。税法是指有权的国家机关制定的有关调整税收分配过程中形成的权利义务关系的法律规范总和。

第二，如何学习税收知识，游刃有余地处理好企业的各项涉税业务？

学好税法的关键，在于掌握每一税种的税收要素。

第三，税收制度的构成要素有哪些，如何掌握这些内容？

所谓税收的构成要素，就是国家设立一项税收时，应该予以规定的内容。税收的构成要素一般包括总则、纳税义务人、征税对象、税目、税率、纳税环节、纳税期限、纳税地点、减税免税、罚则、附则等项目。

第四，我国现行的税制中，主要包括哪些税种？

目前，我国征收的税种有二十余种，按照这些税种的性质和作用大致可以分为七类，依次是：流转税类、资源税类、所得税类、特定目的税类、财产和行为税类、农业税类、关税。

① 什么是税收？

税收是指国家依法对负有纳税义务的单位和个人征收一定货币和实物。税收是国家取得的收入，从事社会管理的物质基础。在我国，国家 90% 以上的收入均来自于税收，国家用于国防建设、国民教育、社会保障方面的支出均来自于税收收入。

在理解税收的概念时，我们要重点理解以下的三个方面：第一，征税的主体是国家，除了国家之外，任何机构和团体，都无权征税；第二，国家征税依据的是其政治权力，这种政治权力凌驾于财产权利之上，没有国家的政治权力为依托，征税就无法实现；第三，征税的基本目的是满足国家的财政需要，以实现其进行阶级统治和满足社会公共需要的职能。

② 什么是税法？

税法是指有权的国家机关制定的有关调整税收分配过程中形成的权利义务关系的法律规范总和。税法可以有广义和狭义之分。从广义上讲，税法是各种税收法律规范的总和，即由税收实体法、税收程序法、税收争讼法等构成的法律体系。从狭义上讲，税法指的是经过国家最高权力机关正式立法的税收法律，如我国的个人所得税法、税收征收管理法等。

税法有多种不同的分类方法，按照税法内容的不同，可以将税法分为税收实体法、税收程序法、税收处罚法和税务行政法。

税收实体法是规定税收法律关系主体的实体权利、义务的法律规范的总称。其主要内容包括纳税主体、征税客体、计税依据、税目、税率、减税免税等，是国家向纳税人行使征税权和纳税人负担纳税义务的要件，只有具备这些要件时纳税人才负有纳税义务，国家才能向纳税人征税。税收实体法直接影响到国家与纳税人之间权利义务的分配，是税法的核心部分，没有税收实体法，税法体系就不能成立。

税收程序法是指以国家税收活动中所发生的程序关系为调整对象的税法，是规定国家征税权行使程序和纳税人纳税义务履行程序的法律规范的总称。其内容主要包括税收确定程序、税收征收程序、税收检查程序和税务争议的解决程序。

税收处罚法是对税收活动中违法犯罪行为进行处罚的法律规范的总称。

税务行政法是规定国家税务行政组织的规范性法律文件的总称。其内容一般包括各种不同的税务机关的职责范围、人员编制、经费来源、各级各类税务机关设立、变更和撤销的程序和它们之间的相互关系以及与其他国家机关的关系等。

③ 税收和税法有什么关系？

税收与税法密不可分，有税必有法，无法不成税。税收与税法的关系，可以形象地比喻为交通运输和交通规则的关系。有了税收行为之后，就需要制定税法来规范税收行为；有了税法之后，一切税收行为都应该依据税法来进行，从而保证了税收的规范发展。

④ 什么是税收的构成要素，这些要素分别是什么？

所谓税收的构成要素，就是国家设立一项税收时，应该予以规定的内容。**税收的构成要素**一般包括总则、纳税义务人、征税对象、税目、税率、纳税环节、纳税期限、纳税地点、减税免税、罚则、附则等项目。

（1）**总则**主要包括立法依据、立法目的、适用原则等。

（2）**纳税义务人**即纳税主体，主要是指一切履行纳税义务的法人、自然人及其他组织。

（3）**征税对象**即纳税客体，主要是指税收法律关系中征纳双方权利义务所指向的物或行为，它是区分不同税种的主要标志。

（4）**税目**是各个税种所规定的具体征税项目。它是征税对象的具体化。比如，消费税具体规定了烟、酒等 11 个税目。

（5）**税率**是对征税对象的征收比例或征收额度。税率是计算税额的尺度，也是衡量税负轻重与否的重要标志。我国现行使用的税率主要有：比例税率、定额税率、超额累进税率、超率累进税率。

（6）**纳税环节**主要指税法规定的征税对象在从生产到消费的流转过程中应当缴纳税款的环节。如流转税在生产和流通环节纳税；所得税在分配环节纳税等。

（7）**纳税期限**是指纳税人按照税法规定缴纳税款的期限。

（8）**纳税地点**主要是指根据各个税种纳税对象的纳税环节和有利于对税款的源泉控制而规定的纳税人（包括代征、代扣、代缴义务人）的具体纳税地点。

（9）**减税免税**主要是对某些纳税人和征税对象采取减少征税或者免予

征税的特殊规定。

（10）**罚则**主要是指对纳税人违反税法的行为采取的处罚措施。

（11）**附则**一般都规定与该法紧密相关的内容，比如该法的解释权、生效时间等。

⑤ 什么是纳税义务人？

纳税义务人简称纳税人，也称"纳税主体"，是税法中规定的直接负有纳税义务的单位和个人。每一种税都有关于纳税义务人的规定，通过规定纳税义务人落实税收任务和法律责任。纳税义务人可以是个人，也可以是单位组织。

⑥ 什么是负税人？

负税人是指实际负担税款的单位和个人，纳税人是直接向税务机关缴纳税款的单位和个人，但并不一定就是负税人，有时纳税人如果能够通过一定途径把税款转嫁或转移出去，纳税人就不再是负税人。否则，纳税人同时也是负税人。

⑦ 什么是代扣代缴义务人？

代扣代缴义务人指有义务从持有的纳税人收入中扣除其应纳税款并代为缴纳的企业、单位或个人。如《中华人民共和国个人所得税法》规定：个人所得税以所得人为纳税义务人，以支付所得的单位或个人为扣缴义务人。

⑧ 什么是纳税单位？

纳税单位，是指申报缴纳税款的单位，是纳税人的有效集合。为了征管和缴纳税款的方便，可以允许在法律上负有纳税义务的同类型纳税人作为一个纳税单位，填写一份申报表纳税。比如个人所得税，可以单个人为纳税单位，也可以夫妇俩为一个纳税单位，还可以一个家庭为一个纳税单位；公司所得税可以每个分公司为一个纳税单位，也可以总公司为一个纳税单位。

⑨ 什么是课税对象？

课税对象又称征税对象，是税法中规定的征税的目的物，是国家据以征税的依据。通过规定课税对象，解决了对什么进行征税这一问题。

每一种税都有自己的课税对象，否则，这一税种就成了无源之水。凡是列为课税对象的，就属于该税种的征收范围；凡是未列为课税对象的，就不属于该税种的征收范围。例如，我国增值税的课税对象是货物和应税劳务在生产、流通过程中的增值额；所得税的课税对象是企业利润和个人工资、薪金等项所得；房产税的课税对象是房屋等。

课税对象是一种税区别于另一种税的最主要标志，它体现着各种税的征税范围，其他税收要素的内容一般都是以课税对象为基础确定的。

⑩ 什么是计税依据？

计税依据，又称**税基**，是指税法中规定的据以计算各种应征税款的依据或标准，计税依据可以是金额，也可以是物理数量，如重量、体积等。可以这样讲，计税依据是课税对象的数量方面，正确掌握计税依据，是正确的计算应纳税额的基础。

不同税种的计税依据是不同的，目前我国的各主要税种的计税依据如下：我国增值税的计税依据是货物和应税劳务的增值额；企业所得税的计税依据是企业的利润。

⑪ 课税对象与计税依据有什么关系？

课税对象与计税依据的关系是：课税对象是指征税的目的物，计税依据则是在目的物已经确定的前提下，对目的物据以计算税款的依据或标准；课税对象是**从质的方面**对征税所做的规定，而计税依据则是**从量的方面**对征税所做的规定，是课税对象量的表现。

⑫ 什么是税目？

税目是课税对象的具体化，反映**具体的征税范围**，代表征税的广度。不是所有的税种都规定税目，有些税种的征税对象简单、明确，没有另行规定税目的必要，如房产税等。但是，大多数税种的课税对象都比较复杂，划分具体的税目，可以进一步明确征税范围，解决课税对象的归类问题。

税目一般可分为列举税目和概括税目，**列举税目**就是将每一种商品或经营项目采用一一列举的方法；**概括税目**就是按照商品大类或行业采用概括方法设计税目。制定概括税目的优点是税目较少，查找方便；缺点是税目过粗，不便于贯彻合理负担政策。

⑬ 什么是税率？

税率是对征税对象的征收比例或征收额度。税率是计算税额的尺度，也是衡量税负轻重与否的重要标志，它解决了征多少税的问题。我国现行使用的税率主要有以下几种。

（1）**比例税率**即对同一征税对象，不分数额大小，规定相同的征收比例。我国的增值税、城市维护建设税、企业所得税等采用的是比例税率。

（2）**超额累进税率**即把征税对象按数额的大小分成若干等级，每一等级规定一个税率，税率依次提高，但每一纳税人的征税对象则依所属等级同时适用几个税率分别计算，将计算结果相加后得出应纳税款。目前，采用这种税率的有个人所得税。

（3）**定额税率**即按征税对象确定的计算单位，直接规定一个固定的税额。目前，采用定额税率的有资源税、城镇土地使用税、车船使用税等。

（4）**超率累进税率**即以征税对象数额的相对率划分若干级距，分别规定相应的差别税率，相对率每超过一个级距的，对超过的部分就按高一级的税率计算征税。目前，采用这种税率的是土地增值税。

14 什么是纳税环节？

一件产品，从生产到消费一般都要经历生产、批发、零售等几个环节才能最终到达消费者的手中。纳税环节是指税法上规定的课税对象从生产到消费的流转过程中应当缴纳税款的环节。

如工业品一般要经过产制、批发和零售环节；农产品一般要经过产制、收购、批发和零售环节。这些环节都存在商品流转额，都可以成为纳税环节。但是，为了保证财政收入，以及便于征收管理，国家对不同的商品课税往往确定不同的纳税环节。

按照纳税环节的多少，可将税收课征制度划分为一次课征制和多次课征制。**一次课征制**是指同一税种在商品流转的全过程中只选择某一环节课征的制度，是纳税环节的一种具体形式。**多次课征制**是指同一税种在商品流转的全部过程中选择两个或两个以上环节课征的制度。

15 什么是纳税期限？

要正确理解纳税期限的概念，必须先理解三个相关的概念：纳税义务发生时间、纳税计算期、税款缴库期。**纳税义务发生时间**是指纳税人发生应税行为应当承担纳税义务的起始时间。**纳税计算期**是指法律、行政法规规定的或者税务机关依照法律、行政法规的规定确定的纳税人据以计算应纳税额的期限。**税款缴库期**是指纳税人、扣缴义务人在一个税款计算期结束后，到其开户行或其他金融机构或向税务机关缴纳税款的期限。

我国现行税制的纳税计算期限有三种形式。

（1）**按期纳税**即根据纳税义务的发生时间，通过确定纳税间隔期，实行按日纳税。按期纳税的纳税间隔期分为一天、三天、五天、十天、15 天和一个月，共六种期限。

（2）**按次纳税**即根据纳税行为的发生次数确定纳税期限。如耕地占用税以及临时经营者，均采取按次纳税的办法。

（3）**按年计征**，分期预缴。即按规定的期限预缴税款，年度结束后汇算清缴，多退少补。例如，企业所得税、房产税、土地使用税等。

与之相对应，纳税人、扣缴义务人的申报纳税期限分别是：以一个月为一期纳税的，自期满之日起十天内申报纳税；以其他间隔期为纳税期限的，自期满之日起五天内预缴税款，于次月 1 日起十天内申报纳税并结清上月税款。

⑯ 什么是纳税地点？

纳税地点主要是指根据各个税种纳税对象的纳税环节和有利于对税款的源泉控制而规定的纳税人（包括代征、代扣、代缴义务人）的**具体纳税地点**。

不同的税种，不同的经济业务，其纳税地点的规定是不同的，国家税收法规都有具体的规定，在办理具体的税收事项时，需要认真地了解这一规定。

⑰ 什么是减税免税？

减税免税是对某些纳税人或课税对象的鼓励或照顾措施。**减税**是从应征税款中减征部分税款；**免税**是免征全部税款。长期以来，在我国税收实践中，对减免税的管理总体是偏松的，越权减免问题相当严重。为严肃税法，1994 年的税制改革特别强调将减免税权限集中于国务院。如《中华人民共和国增值税暂行条例》中均明确规定：免税、减税项目由国务院规定，任何地区、部门不得规定免税、减税项目。

减税免税可以分为三种基本形式。

（1）**税基式减免**。这是通过直接缩小计税依据的方式实现的减税免税。具体包括起征点、免征额、项目扣除以及跨期结转等。

起征点是指在计税依据没有达到某一个数量（起征点）时，不征税；超过这个标准时，按照计税依据的全额征税。

免征额是指在计税依据没有达到某一个数量（免征额）时，不征税；超过这个标准时，按照计税依据减去规定的金额（免征额）后的余额进行征税。

（2）**税率式减免**即通过直接降低税率的方式实行的减税免税。具体又包括重新确定税率、选用其他税率、零税率等形式。

（3）**税额式减免**即通过直接减少应纳税额的方式实行的减税免税，具体包括全部免征、减半征收、核定减免率以及另定减征税额等。

⑱ 我国现行的税种有哪些？

目前，我国征收的税种有二十余种，按照这些税种的性质和作用大致可以分为七类。

（1）**流转税类**，包括增值税、消费税，主要在生产、流通或者服务业中发挥调节作用。

（2）**资源税类**，包括资源税、城镇土地使用税，主要是对因开发和利用自然资源差异而形成的级差收入发挥调节作用。

（3）**所得税类**，包括企业所得税、外商投资企业和外国企业所得税、个人所得税，主要是在国民收入形成后，对生产经营者的利润和个人的纯收入发挥调节作用。

（4）**特定目的税类**，包括固定资产技资方向调节税（已停征）、筵席税（已停征）、城市维护建设税、土地增值税、车辆购置税、耕地占用税，主要是为了达到特定目的，对特定对象和特定行为发挥调节作用。

（5）**财产和行为税类**，包括房产税、城市房地产税、车船使用税、车船使用牌照税、印花税、契税，主要是对某些财产和行为发挥调节作用。

（6）**农业税类**，包括农业税、牧业税，主要是对取得农业或者牧业收入的企业、单位和个人征收。2006 年国家已经废除农业税。

（7）**关税**，主要对进出我国国境的货物、物品征收。

上述税种中的关税，以及在进口环节缴纳增值税、消费税由海关部门负责征收管理；耕地占用税和契税，1996 年以前一直由财政机关负责征收管理，1996 年以后改由税务机关征收管理（但有部分省市仍由财政机关负责征收）；其他税种由税务机关负责征收管理。

⑲ 什么是流转税？

所谓流转税是指在商品流转或劳务提供的过程中，以商品的流转金额或者提供的劳务金额作为征税依据的税种，在我国流转税主要包括增值税、消费税、关税等税种。

增值税是对从事销售货物或者提供加工、修理修配劳务以及从事进口货物的单位和个人取得的增值额为课税对象征收的一种税。

消费税是对我国境内从事生产、委托加工和进口应税消费品的单位和个人，就其销售额或销售数量，在特定环节征收的一种税。简单地说，消费税是对特定的消费品和消费行为征收的一种税。

关税是指海关以进出境的货物或物品为纳税对象征税的税种，可以按照货物或商品的流转方向，简单划分为进口关税和出口关税。

20 什么是所得税？

所谓所得税是指以企业获得的利润，或者个人获得的工资、薪金、劳务收入等个人收入为征收依据的税种。在我国所得税主要包括个人所得税、企业所得税、外商投资企业和外国企业所得税等三种。

个人所得税是以个人（自然人）取得的各项应税所得为征税对象所征收的一种税。

企业所得税是对从事生产经营，取得生产经营所得和其他所得的企业、单位课征的一种税。

外商投资企业和外国企业所得税是对在我国境内的外商投资企业和外国企业的生产、经营所得和其他所得征收的一种税。

第二章　增值税

[本章导读]

增值税主要是针对货物销售过程中的流转额征收的一个税种，它是我国的第一大税种，又是从事加工制造业、商品流通的企业的最主要税种。它的计算方法比较特殊，征收管理严格，需要我们认真学习。

在本章的学习之中，我们将重点学习以下几个方面的内容。

第一，增值税是一种什么税？

第二，哪些人需要缴纳增值税？

第三，增值税的征税范围包括哪些？

第四，增值税税率有多高？

第五，一般纳税人、小规模纳税人及进口货物应纳增值税额应该如何计算？

第六，特殊情况下，应纳增值税额应该如何计算？

打折销售、以旧换新方式销售、还本销售、采取以物易物方式销售、销售自己使用过的固定资产、出租出借包装物等特殊情况下，税法给出了明确的规定，应严格按照要求计算应纳增值税额。

第七，什么是出口退税，出口退税如何计算？

第八，增值税有哪些优惠政策？

第九，如何办理增值税的申报与缴纳？

21 哪些行为需要缴纳增值税？

增值税是以单位和个人生产经营过程中取得的增值额为课税对象征收的一种税。在我国境内，凡具有以下行为的单位和个人，均需要缴纳增值税。

（1）**销售货物**。

（2）**提供加工和修理修配劳务**。

（3）**销售服务**，指提供交通运输服务、邮政服务、电信服务、建筑服务、金融服务、现代服务、生活服务。

（4）**销售无形资产**，指有偿转让无形资产，是转让无形资产所有权或者使用权的业务活动。

（5）**销售不动产**，指有偿转让不动产，是转让不动产所有权的业务活动。

（6）**进口货物**，指申报进入我国海关境内的货物。

22 增值税的计税原理是什么？

增值税的计税原理是通过增值税的计税方法体现出来的。增值税的计税方法是以每一生产经营环节上发生的货物或劳务的销售额为计税依据，然后按规定税率计算出货物或劳务的整体税负，同时通过税款抵扣方式将外购项目在以前环节已纳的税款予以扣除，从而完全避免了重复征税。该原理具体体现在以下几个方面。

（1）按全部销售额计算税款，但只对货物或劳务价值中**新增价值部分**征税。

（2）实行税款**抵扣制度**，对以前环节已纳税款予以扣除。

（3）税款随着货物的销售逐环节转移，最终消费者是全部税款的承担者，但政府并不直接向消费者征税，而是在生产经营的各个环节**分段征收**，各环节的纳税人并不承担增值税税款。

23 什么是"营改增"改革？

为促进第三产业发展，从 2012 年 1 月 1 日起，在部分地区和行业开展深化增值税制度改革试点，到 2016 年 5 月 1 日，征收营业税的行业全部改为征收增值税。在全国范围内全面推开营业税改征增值税试点，建筑业、房地产业、金融业、生活服务业纳入试点范围，**由缴纳营业税改为缴纳增值税**，至此，营业税全部改征增值税，营业税成为我国税收制度发展史的组成部分，流通环节由增值税全覆盖。

24 什么是增值税纳税人与扣缴义务人？

（一）纳税人

根据《中华人民共和国增值税暂行条例》及《营业税改征增值税试点实施办法》（财税〔2016〕36 号）的规定，凡在中华人民共和国境内（以下简称境内）销售货物或者提供加工、修理修配劳务、销售服务、无形资产或者不动产，以及进口货物的单位和个人，为增值税的纳税人。

单位是指一切从事销售或进口货物、提供应税劳务、销售应税服务、无形资产或不动产的单位，包括企业、行政单位、事业单位、军事单位、社会团体及其他单位。

个人是指从事销售或进口货物、提供应税劳务、销售应税服务、无形资产或不动产的个人，包括个体工商户和其他个人。

单位租赁或承包给其他单位或者个人经营的，以承租人或承包人为纳税人。

对报关进口的货物，以进口货物的收货人或办理报关手续的单位和个人为进口货物的纳税人。

（二）扣缴义务人

中华人民共和国境外（以下简称境外）的单位或个人在境内提供应税劳务，在境内未设有经营机构的，其应纳税款以境内代理人为扣缴义务人；在境内没有代理人的，以购买者为扣缴义务人。

境外的单位或者个人在境内销售服务、无形资产或者不动产，在境内未设有经营机构的，以购买方为增值税扣缴义务人。财政部和国家税务总局另有规定的除外。

在境内销售货物或提供加工、修理修配劳务是指销售货物的起运地或所在地在境内；提供的应税劳务发生地在境内。

在境内销售服务、无形资产或者不动产，是指：

（1）服务（租赁不动产除外）或者无形资产（自然资源使用权除外）的销售方或者购买方在境内；

（2）所销售或者租赁的不动产在境内；

（3）所销售自然资源使用权的自然资源在境内；

（4）财政部和国家税务总局规定的其他情形。

25 增值税的纳税人划分为哪几类？

（一）增值税纳税人分类的依据

根据《增值税暂行条例》及其实施细则的规定，划分一般纳税人和小规模纳税人的基本依据是纳税人的会计核算是否健全，以及企业规模的大小。衡量企业规模的大小一般以年销售额为依据，因此，现行增值税制度是以纳税人年应税销售额的大小为依据，会计核算健全是指能够按照国家统一的会计制度规定设置账簿，根据合法、有效凭证核算。

（二）划分一般纳税人与小规模纳税人的目的

对增值税纳税人进行分类，主要是为了适应纳税人经营管理规模差异大、财务核算水平不一的实际情况。分类管理有利于税务机关加强重点税源管理，简化小型企业的计算缴纳程序，也有利于对专用发票正确使用与安全管理要求的落实。

这两类纳税人在税款计算方法、适用税率以及管理办法上都有所不同。对一般纳税人实行凭发票扣税的计税方法，对小规模纳税人规定简便易行的计税方法和征收管理办法。

26 什么样的纳税人可以划为增值税小规模纳税人？

（一）小规模纳税人的标准

小规模纳税人是指年销售额在规定标准以下，并且会计核算不健全，不能按规定报送有关税务资料的增值税纳税人。会计核算不健全是指不能正确核算增值税的销项税额、进项税额和应纳税额。

根据《中华人民共和国增值税暂行条例》及其实施细则和《营业税改征增值税试点实施办法》（财税〔2016〕36号）及相关文件规定，小规模纳税人的标准是以下几个。

（1）一般规定

从事货物生产或提供应税劳务的纳税人，以及以从事货物生产或提供应税劳务为主，并兼营货物批发或零售的纳税人，年应税销售额在50万元（含）以下的。

其他纳税人，年应税销售额在80万元（含）以下的。

以从事货物生产或者提供应税劳务为主，是指纳税人的年货物生产或者提供应税劳务的销售额占年应税销售额的比重在50%以上。

营业税改征增值税应税行为的年应征增值税销售额标准为500万元（含）以下的。

（2）特殊规定

年应税销售额超过小规模纳税人标准的其他个人按小规模纳税人纳税；年应税销售额超过规定标准但不经常发生应税行为的单位和个体工商户，以及非企业性单位、不经常发生应税行为的企业，可选择按照小规模纳税人纳税。

旅店业和饮食业纳税人销售非现场消费的食品，属于不经常发生增值税应税行为，自2013年5月1日起，可以选择按小规模纳税人缴纳增值税。

兼有销售货物、提供加工修理修配劳务以及应税服务，且不经常发生应税行为的单位和个体工商户可选择按小规模纳税人纳税。

小规模纳税人的标准由国务院财政、税务主管部门规定。

（二）小规模纳税人的管理

小规模纳税人实行简易办法征收增值税，一般不得使用增值税专用发票，只能开具增值税普通发票。

㉗ 我国现行增值税的征税范围是什么？

"营改增"之前，我国增值税征税范围包括货物的生产、批发、零售和进口四个环节，2016 年 5 月 1 日以后，伴随着《营业税改征增值税试点实施办法》（财税〔2016〕36 号）以及相关配套政策的实施，"营改增"试点行业扩大到销售服务、无形资产或者不动产（以下称应税行为），增值税的征税范围覆盖第一产业、第二产业和第三产业。

（一）销售货物

货物是指有形动产，包括电力、热力和气体在内。销售货物是指有偿转让货物的所有权。"有偿"不仅指从购买方取得货币，还包括取得货物或其他经济利益。

（二）提供加工和修理修配劳务

加工是指接收来料承做货物，加工后的货物所有权仍属于委托者的业务。即通常所说的委托加工业务。委托加工业务是指由委托方提供原料及主要材料，受托方按照委托方的要求制造货物并收取加工费的业务。

修理修配是指受托对损伤和丧失功能的货物进行修复，使其恢复原状和功能的业务。这里的提供加工和修理修配劳务都是指有偿提供加工和修理修配劳务。但单位或个体工商户聘用的员工为本单位或雇主提供加工、修理修配劳务则不包括在内。

（三）销售服务

销售服务，是指提供交通运输服务、邮政服务、电信服务、建筑服务、金融服务、现代服务、生活服务。

（1）交通运输服务

交通运输服务，是指使用运输工具将货物或者旅客送达目的地，使其空间位置得到转移的业务活动。包括陆路运输服务、水路运输服务、航空运输服务和管道运输服务。

（2）邮政服务

邮政服务，是指中国邮政集团公司及其所属邮政企业提供邮件寄递、邮政汇兑和机要通信等邮政基本服务的业务活动。包括邮政普遍服务、邮政特殊服务和其他邮政服务。

（3）电信服务

电信服务，是指利用有线、无线的电磁系统或者光电系统等各种通信网络资源，提供语音通话服务，传送、发射、接收或者应用图像、短信等电子数据和信息的业务活动。包括基础电信服务和增值电信服务。

（4）建筑服务

建筑服务，是指各类建筑物、构筑物及其附属设施的建造、修缮、装饰，线路、管道、设备、设施等的安装以及其他工程作业的业务活动。包括工程服务、安装服务、修缮服务、装饰服务和其他建筑服务。

（5）金融服务

金融服务，是指经营金融保险的业务活动。包括贷款服务、直接收费金融服务、保险服务和金融商品转让。

（6）现代服务

现代服务，是指围绕制造业、文化产业、现代物流产业等提供技术性、知识性服务的业务活动。包括研发和技术服务、信息技术服务、文化创意服务、物流辅助服务、租赁服务、鉴证咨询服务、广播影视服务、商务辅助服务和其他现代服务。

（7）生活服务

生活服务，是指为满足城乡居民日常生活需求提供的各类服务活动。包括文化体育服务、教育医疗服务、旅游娱乐服务、餐饮住宿服务、居民日常服务和其他生活服务。

（四）销售无形资产

销售无形资产，是指有偿转让无形资产，是转让无形资产所有权或者使用权的业务活动。

无形资产，是指不具实物形态，但能带来经济利益的资产，包括技术、商标、著作权、商誉、自然资源使用权和其他权益性无形资产。

技术，包括专利技术和非专利技术。

自然资源使用权，包括土地使用权、海域使用权、探矿权、采矿权、取水权和其他自然资源使用权。

其他权益性无形资产，包括基础设施资产经营权、公共事业特许权、配额、经营权（包括特许经营权、连锁经营权、其他经营权）、经销权、分销权、代理权、会员权、席位权、网络游戏虚拟道具、域名、名称权、肖像权、冠名权、转会费等。

（五）销售不动产

销售不动产，是指有偿转让不动产，是转让不动产所有权的业务活动。

不动产，是指不能移动或者移动后会引起性质、形状改变的财产，包括建筑物、构筑物等。建筑物，包括住宅、商业营业用房、办公楼等可供居住、工作或者进行其他活动的建造物。构筑物，包括道路、桥梁、隧道、水坝等建造物。

转让建筑物有限产权或者永久使用权的，转让在建的建筑物或者构筑物所有权的，以及在转让建筑物或者构筑物时一并转让其所占土地的使用权的，按照销售不动产缴纳增值税。

有偿，是指取得货币、货物或者其他经济利益。

（六）进口货物

进口货物是指申报进入我国海关境内的货物。确定一项货物是否属于进口货物，必须看其是否办理了报关进口手续。通常，境外产品要输入境内，必须向我国海关申报进口，并办理有关报关手续。只要是报关进口的应税货物，均属于增值税征税范围，在进口环节缴纳增值税（享受免税政策的货物除外）。

28 什么是视同销售，对视同销售货物行为的征税有什么规定？

单位或个体工商户的下列行为，视同销售货物，征收增值税。

（1）将货物交付其他单位或者个人代销。

（2）销售代销货物。

（3）设有两个以上机构并实行统一核算的纳税人，将货物从一个机构移送其他机构用于销售，但相关机构设在同一县（市）的除外。

用于销售，是指受货机构发生以下情形之一的经营行为：

① 向购货方开具发票；

② 向购货方收取货款。

受货机构的货物移送行为有上述两项情形之一的，应当向所在地税务机关缴纳增值税；未发生上述两项情形的，则应由总机构统一缴纳增值税。

如果受货机构只就部分货物向购买方开具发票或收取货款，则应当区别不同情况计算并分别向总机构所在地或分支机构所在地税务机关缴纳税款。

（4）将自产或委托加工的货物用于非增值税应税项目。

（5）将自产、委托加工的货物用于集体福利或个人消费。

（6）将自产、委托加工或购进的货物作为投资，提供给其他单位或个体工商户。

（7）将自产、委托加工或购进的货物分配给股东或投资者。

（8）将自产、委托加工或购进的货物无偿赠送给其他单位或者个人。

（9）"营改增"试点规定的视同销售服务、无形资产或者不动产。

根据《营业税改征增值税试点实施办法》（财税〔2016〕36 号）第 14 条的规定，下列情形视同销售服务、无形资产或者不动产：

① 单位或者个体工商户向其他单位或者个人无偿提供服务，但用于公益事业或者以社会公众为对象的除外；

② 单位或者个人向其他单位或者个人无偿转让无形资产或者不动产，但用于公益事业或者以社会公众为对象的除外；

③ 财政部和国家税务总局规定的其他情形。

对上述行为视同销售货物或提供应税劳务，按规定计算销售额并征收增值税。一是为了防止通过这些行为逃避纳税，造成税基被侵蚀，税款流失；二是为了避免税款抵扣链条的中断，导致各环节间税负的不均衡，形成重复征税。

29 哪些纳税行为适用增值税的基本税率？

纳税人销售或者进口货物，除列举的外，税率均为16%；提供加工、修理修配劳务和应税服务，除适用低税率范围外，税率也为16%。这一税率就是通常所说的**基本税率**。

30 哪些纳税行为适用增值税的低税率？

（1）纳税人销售或者进口列举货物适用税率为10%，这一税率即是通常所说的低税率。

（2）提供交通运输业服务、邮政、基础电信、建筑、不动产租赁服务，销售不动产，转让土地使用权，税率为10%。

（3）提供现代服务业服务（不动产租赁除外）、增值电信服务、金融服务、生活服务、销售无形资产（转让土地使用权除外），税率为6%。

31 哪些纳税行为适用增值税的零税率？

出口货物、劳务或者境内单位和个人发生的跨境应税行为，**税率为零**。具体范围由财政部和国家税务总局另行规定。

㉜ 哪些情况下适用增值税的征收率，如何计算应纳税额？

由于小规模纳税人会计核算不健全，无法准确核算进项税额和销项税额，在增值税征收管理中，采用简便方式，按照其销售额与规定的征收率计算缴纳增值税，不准许抵扣进项税，也不允许自行开具增值税专用发票。按照现行增值税有关规定，对于一般纳税人生产销售的特定货物，确定征收率，**按照简易办法征收增值税**，并视不同情况，采取不同的征收管理办法。

一般纳税人出售、出租不动产，可以选用**简易计税办法**。采用简易计税办法计算增值税，适用 5% 的征收率。

小规模纳税人出售、出租不动产适用简易计税办法，适用 5% 的征收率。

小规模纳税人增值税征收率为 3%，征收率的调整，由国务院决定。

小规模纳税人（除其他个人外，下同）销售自己使用过的固定资产，减按 2% 的征收率征收增值税，并且只能开具普通发票，不得由税务机关代开增值税专用发票。

小规模纳税人销售自己使用过的除固定资产以外的物品，应按 3% 的征收率征收增值税。

纳税人销售旧货，按照简易办法依照 3% 征收率减按 2% 征收增值税。

㉝ 哪些情况下适用增值税的一般计税方法，如何计算应纳税额？

一般纳税人销售货物、提供加工修理修配劳务、销售服务、无形资产或者不动产适用一般计税方法计税。

当期应纳增值税额＝当期销项税额－当期进项税额

当期销项税额＝当期销售货物服务的销售额 × 相应税率

当期进项税额＝当期购入货物服务的销售额 × 相应税率

一般计税方法的销售额不包括销项税额，纳税人采用销售额和销项税额合并定价方法的，按照下列公式计算销售额．

销售额＝含税销售额 ÷（1＋税率）

进项税额，是指纳税人购进货物、加工修理修配劳务、服务、无形资产或者不动产，支付或者负担的增值税额。

（1）准予从销项税额中抵扣的进项税额

下列进项税额准予从销项税额中抵扣。

① 从销售方取得的增值税专用发票（含税控机动车销售统一发票，下同）上注明的增值税额。

② 从海关取得的海关进口增值税专用缴款书上注明的增值税额。

③ 购进农产品，除取得增值税专用发票或者海关进口增值税专用缴款书外，按照农产品收购发票或者销售发票上注明的农产品买价和 13% 的扣除率计算的进项税额。

计算公式为：

进项税额＝买价 × 扣除率

买价，是指纳税人购进农产品在农产品收购发票或者销售发票上注明的价款。

购进农产品，按照《农产品增值税进项税额核定扣除试点实施办法》抵扣进项税额的除外。

④ 从境外单位或者个人购进服务、无形资产或者不动产，自税务机关或者扣缴义务人取得的解缴税款的完税凭证上注明的增值税额。

⑤ 纳税人取得的增值税扣税凭证不符合法律、行政法规或者国家税务总局有关规定的，其进项税额不得从销项税额中抵扣。

增值税扣税凭证，是指增值税专用发票、海关进口增值税专用缴款书、农产品收购发票、农产品销售发票和完税凭证。

纳税人凭完税凭证抵扣进项税额的，应当具备书面合同、付款证明和境外单位的对账单或者发票。资料不全的，其进项税额不得从销项税额中抵扣。

（2）不得从销项税额中抵扣的进项税额

下列项目的进项税额不得从销项税额中抵扣。

① 用于简易计税方法计税项目、免征增值税项目、集体福利或者个人消费的购进货物、加工修理修配劳务、服务、无形资产和不动产。其中涉及的固定资产、无形资产、不动产，仅指专用于上述项目的固定资产、无形资产（不包括其他权益性无形资产）、不动产。

纳税人的交际应酬消费属于个人消费。

② 非正常损失的购进货物，以及相关的加工修理修配劳务和交通运输服务。

③ 非正常损失的在产品、产成品所耗用的购进货物（不包括固定资产）、加工修理修配劳务和交通运输服务。

④ 非正常损失的不动产，以及该不动产所耗用的购进货物、设计服务和建筑服务。

⑤ 非正常损失的不动产在建工程所耗用的购进货物、设计服务和建筑

服务。

纳税人新建、改建、扩建、修缮、装饰不动产，均属于不动产在建工程。

⑥ 购进的旅客运输服务、贷款服务、餐饮服务、居民日常服务和娱乐服务。

⑦ 财政部和国家税务总局规定的其他情形。

第④项、第⑤项所称货物，是指构成不动产实体的材料和设备，包括建筑装饰材料和给排水、采暖、卫生、通风、照明、通讯、煤气、消防、中央空调、电梯、电气、智能化楼宇设备及配套设施。

㉞ 哪些情况下适用增值税的简易计税方法，如何计算应纳税额？

小规模纳税人提供应税服务适用简易计税方法计税。一般纳税人：

当期应纳增值税额＝当期销售额 × 征收率

简易计税方法的销售额不包括其应纳税额，纳税人采用销售额和应纳税额合并定价方法的，按照下列公式计算销售额：

销售额＝含税销售额 ÷ （1＋征收率）

纳税人适用简易计税方法计税的，因销售折让、中止或者退回而退还给购买方的销售额，应当从当期销售额中扣减。扣减当期销售额后仍有余额造成多缴的税款，可以从以后的应纳税额中扣减。

㉟ 增值税具有哪些优惠？

（一）起征点

起征点是国家给予经营规模小的纳税人的一种税收优惠。个人发生增值税应税行为的销售额未达到增值税起征点的，免征增值税；达到起征点的，全额计算缴纳增值税。

增值税起征点**不适用于**登记为一般纳税人的个体工商户。

增值税起征点幅度如下所示：

（1）按期纳税的，为月销售额 5000～20000 元（含本数）；

（2）按次纳税的，为每次（日）销售额 300～500 元（含本数）。

起征点的调整由财政部和国家税务总局规定。省、自治区、直辖市财政厅（局）和国家税务局应当在规定的幅度内，根据实际情况确定本地区适用的起征点，并报财政部和国家税务总局备案。

对增值税小规模纳税人中月销售额未达到 2 万元的企业或非企业性单位，免征增值税。2017 年 12 月 31 日前，对月销售额 2 万元（含）至 3 万元的增值税小规模纳税人，免征增值税。

（二）免征增值税的项目

下列项目免征增值税。

（1）托儿所、幼儿园提供的保育和教育服务。

托儿所、幼儿园，是指经县级以上教育部门审批成立、取得办园许可证的实施 0～6 岁学前教育的机构，包括公办和民办的托儿所、幼儿园、学前班、幼儿班、保育院、幼儿院。

公办托儿所、幼儿园免征增值税的收入是指，在省级财政部门和价格主管部门审核报省级人民政府批准的收费标准以内收取的教育费、保育费。

民办托儿所、幼儿园免征增值税的收入是指，在报经当地有关部门备案并公示的收费标准范围内收取的教育费、保育费。

超过规定收费标准的收费，以开办实验班、特色班和兴趣班等为由另外收取的费用以及与幼儿入园挂钩的赞助费、支教费等超过规定范围的收入，不属于免征增值税的收入。

（2）养老机构提供的养老服务。

养老机构，是指依照民政部《养老机构设立许可办法》（民政部令第48号）设立并依法办理登记的为老年人提供集中居住和照料服务的各类养老机构；养老服务，是指上述养老机构按照民政部《养老机构管理办法》（民政部令第49号）的规定，为收住的老年人提供的生活照料、康复护理、精神慰藉、文化娱乐等服务。

（3）残疾人福利机构提供的育养服务。

（4）婚姻介绍服务。

（5）殡葬服务。

殡葬服务，是指收费标准由各地价格主管部门会同有关部门核定，或者实行政府指导价管理的遗体接运（含抬尸、消毒）、遗体整容、遗体防腐、存放（含冷藏）、火化、骨灰寄存、吊唁设施设备租赁、墓穴租赁及管理等服务。

（6）残疾人员本人为社会提供的服务。

（7）医疗机构提供的医疗服务。

医疗机构，是指依据国务院《医疗机构管理条例》（国务院令第149号）及卫生部《医疗机构管理条例实施细则》（卫生部令第35号）的规定，经登记取得《医疗机构执业许可证》的机构，以及军队、武警部队各级各类医疗机构。具体包括：各级各类医院、门诊部(所)、社区卫生服务中心(站)、急救中心(站)、城乡卫生院、护理院(所)、疗养院、临床检验中心，各级政府及有关部门举办的卫生防疫站(疾病控制中心)、各种专科疾病防治站(所)，各级政府举办的妇幼保健所(站)、母婴保健机构、儿童保健机构，各级政府举办的血站(血液中心)等医疗机构。

本项所称的医疗服务，是指医疗机构按照不高于地(市)级以上价格主管部门会同同级卫生主管部门及其他相关部门制定的医疗服务指导价格（包括政府指导价和按照规定由供需双方协商确定的价格等）为就医者提供《全国医疗服务价格项目规范》所列的各项服务，以及医疗机构向社会提供卫生防疫、卫生检疫的服务。

（8）从事学历教育的学校提供的教育服务。

（9）学生勤工俭学提供的服务。

（10）农业机耕、排灌、病虫害防治、植物保护、农牧保险以及相关技术培训业务，家禽、牲畜、水生动物的配种和疾病防治。

农业机耕，是指在农业、林业、牧业中使用农业机械进行耕作(包括耕耘、种植、收割、脱粒、植物保护等)的业务。排灌，是指对农田进行灌溉或者排涝的业务。病虫害防治，是指从事农业、林业、牧业、渔业的病虫害测报和防治的业务。农牧保险，是指为种植业、养殖业、牧业种植和饲养的动植物提供保险的业务。相关技术培训，是指与农业机耕、排灌、病虫害防治、植物保护业务相关以及为使农民获得农牧保险知识的技术培训业务。家禽、牲畜、水生动物的配种和疾病防治业务的免税范围，包括与该项服务有关的提供药品和医疗用具的业务。

（11）纪念馆、博物馆、文化馆、文物保护单位管理机构、美术馆、展览馆、书画院、图书馆在自己的场所提供文化体育服务取得的第一道门票收入。

（12）寺院、宫观、清真寺和教堂举办文化、宗教活动的门票收入。

（13）行政单位之外的其他单位收取的符合《试点实施办法》第十条规定条件的政府性基金和行政事业性收费。

（14）个人转让著作权。

（15）个人销售自建自用住房。

（16）2018年12月31日前，公共租赁住房经营管理单位出租公共租赁住房。

（17）中国台湾航运公司、航空公司从事海峡两岸海上直航、空中直航业务在大陆取得的运输收入。

（18）纳税人提供的直接或者间接国际货物运输代理服务。

（19）保险公司开办的一年期以上人身保险产品取得的保费收入。

一年期以上人身保险，是指保险期间为一年期及一年期以上返还本利的人寿保险、养老年金保险，以及保险期间为一年期及一年期以上的健康保险。

人寿保险，是指以人的寿命为保险标的的人身保险。

养老年金保险，是指以养老保障为目的，以被保险人生存为给付保险金条件，并按约定的时间间隔分期给付生存保险金的人身保险。

（20）纳税人提供技术转让、技术开发和与之相关的技术咨询、技术服务。

（21）2017年12月31日前，科普单位的门票收入和县级及县级以上党政部门和科协开展科普活动的门票收入。

科普单位，是指科技馆、自然博物馆，对公众开放的天文馆（站、台）、气象台（站）、地震台（站），以及高等院校、科研机构对公众开放的科普基地。

科普活动，是指利用各种传媒以浅显的、让公众易于理解、接受和参与的方式，向普通大众介绍自然科学和社会科学知识，推广科学技术的应用，倡导科学方法，传播科学思想，弘扬科学精神的活动。

（22）政府举办的从事学历教育的高等、中等和初等学校（不含下属单位），举办进修班、培训班取得的全部归该学校所有的收入。

全部归该学校所有，是指举办进修班、培训班取得的全部收入进入该学校统一账户，并纳入预算全额上缴财政专户管理，同时由该学校对有关票据进行统一管理和开具。

举办进修班、培训班取得的收入进入该学校下属部门自行开设账户的，不予免征增值税。

（23）政府举办的职业学校设立的主要为在校学生提供实习场所、并由学校出资自办、由学校负责经营管理、经营收入归学校所有的企业，从事《销售服务、无形资产或者不动产注释》中"现代服务"（不含融资租赁服务、广告服务和其他现代服务）、"生活服务"（不含文化体育服务、其他生活服务和桑拿、氧吧）业务活动取得的收入。

（24）家政服务企业由员工制家政服务员提供家政服务取得的收入。

家政服务企业，是指在企业营业执照的规定经营范围中包括家政服务内容的企业。

（25）福利彩票、体育彩票的发行收入。

（26）军队空余房产租赁收入。

（27）为了配合国家住房制度改革，企业、行政事业单位按房改成本价、标准价出售住房取得的收入。

（28）将土地使用权转让给农业生产者用于农业生产。

（29）涉及家庭财产分割的个人无偿转让不动产、土地使用权。

家庭财产分割，包括下列情形：离婚财产分割；无偿赠予配偶、父母、子女、祖父母、外祖父母、孙子女、外孙子女、兄弟姐妹；无偿赠予对其承担直接抚养或者赡养义务的抚养人或者赡养人；房屋产权所有人死亡，法定继承人、遗嘱继承人或者受遗赠人依法取得房屋产权。

（30）土地所有者出让土地使用权和土地使用者将土地使用权归还给土地所有者。

（31）县级以上地方人民政府或自然资源行政主管部门出让、转让或收回自然资源使用权（不含土地使用权）。

（32）随军家属就业。

（33）军队转业干部就业。

36 增值税纳税义务、扣缴义务的发生时间是如何规定的？

增值税纳税义务、扣缴义务的发生时间规定为以下内容。

（1）纳税人发生应税行为并收讫销售款项或者取得索取销售款项凭据的当天；先开具发票的，为开具发票的当天。

收讫销售款项，是指纳税人销售服务、无形资产、不动产过程中或者完成后收到款项。

取得索取销售款项凭据的当天，是指书面合同确定的付款日期；未签订书面合同或者书面合同未确定付款日期的，为服务、无形资产转让完成的当天或者不动产权属变更的当天。

（2）纳税人提供建筑服务、租赁服务采取预收款方式的，其纳税义务发生时间为收到预收款的当天。

（3）纳税人从事金融商品转让的，为金融商品所有权转移的当天。

（4）纳税人发生财税〔2016〕36 号第 14 条规定情形的，其纳税义务发生时间为服务、无形资产转让完成的当天或者不动产权属变更的当天。

（5）增值税扣缴义务发生时间为纳税人增值税纳税义务发生的当天。

㊲ 增值税的纳税地点是如何规定的？

增值税纳税地点的规定为以下内容。

（1）固定业户应当向其机构所在地或者居住地主管税务机关申报纳税。总机构和分支机构不在同一县（市）的，应当分别向各自所在地的主管税务机关申报纳税；经财政部和国家税务总局或者其授权的财政和税务机关批准，可以由总机构汇总向总机构所在地的主管税务机关申报纳税。

（2）非固定业户应当向应税行为发生地主管税务机关申报纳税；未申报纳税的，由其机构所在地或者居住地主管税务机关补征税款。

（3）其他个人提供建筑服务，销售或者租赁不动产，转让自然资源使用权，应向建筑服务发生地、不动产所在地、自然资源所在地主管税务机关申报纳税。

（4）扣缴义务人应当向其机构所在地或者居住地主管税务机关申报缴纳扣缴的税款。

38 增值税的纳税期限是如何规定的？

增值税的纳税期限分别为一日、三日、五日、十日、15 日、一个月或者一个季度。纳税人的具体纳税期限，由主管税务机关根据纳税人应纳税额的大小分别核定。以一个季度为纳税期限的规定适用于小规模纳税人、银行、财务公司、信托投资公司、信用社，以及财政部和国家税务总局规定的其他纳税人。不能按照固定期限纳税的，可以按次纳税。

纳税人以一个月或者一个季度为一个纳税期的，自期满之日起 15 日内申报纳税；以一日、三日、五日、十日或者 15 日为一个纳税期的，自期满之日起五日内预缴税款，于次月 1 日起 15 日内申报纳税并结清上月应纳税款。

扣缴义务人解缴税款的期限，按照前两款规定执行。

39 一般纳税人的增值税纳税申报表如何填报？

（一）纳税申报材料

（1）增值税一般纳税人（以下简称一般纳税人）纳税申报表及其附列资料包括以下几项。

① 增值税纳税申报表（一般纳税人适用）。

② 增值税纳税申报表附列资料（一）（本期销售情况明细）。

③ 增值税纳税申报表附列资料（二）（本期进项税额明细）。

④ 增值税纳税申报表附列资料（三）（服务、不动产和无形资产扣除项目明细）。

一般纳税人销售服务、不动产和无形资产，在确定服务、不动产和无形资产销售额时，按照有关规定可以从取得的全部价款和价外费用中扣除价款的，需填报增值税纳税申报表附列资料（三）。其他情况不填写该附列资料。

⑤增值税纳税申报表附列资料（四）（税额抵减情况表）。

⑥增值税纳税申报表附列资料（五）（不动产分期抵扣计算表）。

⑦固定资产（不含不动产）进项税额抵扣情况表。

⑧本期抵扣进项税额结构明细表。

⑨增值税减免税申报明细表。

（2）**纳税申报其他资料**

①已开具的税控机动车销售统一发票和普通发票的存根联。

②符合抵扣条件且在本期申报抵扣的增值税专用发票（含税控机动车销售统一发票）的抵扣联。

③符合抵扣条件且在本期申报抵扣的海关进口增值税专用缴款书、购进农产品取得的普通发票的复印件。

④符合抵扣条件且在本期申报抵扣的税收完税凭证及其清单，书面合同、付款证明和境外单位的对账单或者发票。

⑤已开具的农产品收购凭证的存根联或报查联。

⑥纳税人销售服务、不动产和无形资产，在确定服务、不动产和无形资产销售额时，按照有关规定从取得的全部价款和价外费用中扣除价款的合法凭证及其清单。

⑦主管税务机关规定的其他资料。

（3）纳税申报表及其附列资料为**必报资料**。纳税申报其他资料的报备要求由各省、自治区、直辖市和计划单列市国家税务局确定。

（二）增值税纳税申报表的格式

一般纳税人增值税纳税申报表的格式如表 2-1 所示。

表 2-1 增值税纳税申报表
（一般纳税人适用）

根据国家税收法律法规及增值税相关规定制定本表。纳税人不论有无销售额，均应按税务机关核定的纳税期限填写本表，并向当地税务机关申报。

税款所属时间：自 年 月 日至 年 月 日　　填表日期： 年 月 日　金额单位：元至角分

纳税人识别号												所属行业：			
纳税人名称	（公章）		法定代表人姓名			注册地址			生产经营地址						
开户银行及账号			登记注册类型					电话号码							

项　目		栏次	一般货物、劳务和应税服务		即征即退货物、劳务和应税服务	
			本月数	本年累计	本月数	本年累计
销售额	（一）按适用税率计税销售额	1				
	其中：应税货物销售额	2				
	应税劳务销售额	3				
	纳税检查调整的销售额	4				
	（二）按简易办法计税销售额	5				
	其中：纳税检查调整的销售额	6				
	（三）免、抵、退办法出口销售额	7				
	（四）免税销售额	8				
	其中：免税货物销售额	9				
	免税劳务销售额	10				
税款计算	销项税额	11				
	进项税额	12				
	上期留抵税额	13				
	进项税额转出	14				
	免、抵、退应退税额	15				
	按适用税率计算的纳税检查应补缴税额	16				
	应抵扣税额合计	17=12+13-14-15+16				
	实际抵扣税额	18（如17<11，则为17，否则为11）				
	应纳税额	19=11-18				

续表

项 目		栏次	一般货物、劳务和应税服务		即征即退货物、劳务和应税服务	
			本月数	本年累计	本月数	本年累计
税款计算	期末留抵税额	20=17-18				
	简易计税办法计算的应纳税额	21				
	按简易计税办法计算的纳税检查应补缴税额	22				
	应纳税额减征额	23				
	应纳税额合计	24=19+21-23				
税款缴纳	期初未缴税额（多缴为负数）	25				
	实收出口开具专用缴款书退税额	26				
	本期已缴税额	27=28+29+30+31				
	①分次预缴税额	28				
	②出口开具专用缴款书预缴税额	29				
	③本期缴纳上期应纳税额	30				
	④本期缴纳欠缴税额	31				
	期末未缴税额（多缴为负数）	32=24+25+26-27				
	其中：欠缴税额（≥0）	33=25+26-27				
	本期应补（退）税额	34 = 24-28-29				
	即征即退实际退税额	35				
	期初未缴查补税额	36				
	本期入库查补税额	37				
	期末未缴查补税额	38=16+22+36-37				
授权声明	如果你已委托代理人申报，请填写下列资料： 为代理一切税务事宜，现授权 （地址）　　　　　为本纳税人的代理申报人，任何与本申报表有关的往来文件，都可寄予此人。 授权人签字：		申报人声明	本纳税申报表是根据国家税收法律法规及相关规定填报的，我确定它是真实的、可靠的、完整的。 声明人签字：		

主管税务机关：　　　　　　　　　接收人：　　　　　　　接收日期：

40 小规模纳税人的增值税纳税申报表如何填报？

（一）纳税申报材料

（1）增值税小规模纳税人（以下简称小规模纳税人）纳税申报表及其附列资料包括以下内容。

① 增值税纳税申报表（小规模纳税人适用）。

② 增值税纳税申报表（小规模纳税人适用）附列资料。

小规模纳税人销售服务，在确定服务销售额时，按照有关规定可以从取得的全部价款和价外费用中扣除价款的，需填报增值税纳税申报表（小规模纳税人适用）附列资料。其他情况不填写该附列资料。

③ 增值税减免税申报明细表。

（2）纳税申报其他资料

① 已开具的税控机动车销售统一发票和普通发票的存根联。

② 符合抵扣条件且在本期申报抵扣的增值税专用发票（含税控机动车销售统一发票）的抵扣联。

③ 符合抵扣条件且在本期申报抵扣的海关进口增值税专用缴款书、购进农产品取得的普通发票的复印件。

④ 符合抵扣条件且在本期申报抵扣的税收完税凭证及其清单，书面合同、付款证明和境外单位的对账单或者发票。

⑤ 已开具的农产品收购凭证的存根联或报查联。

⑥ 纳税人销售服务、不动产和无形资产，在确定服务、不动产和无形资产销售额时，按照有关规定从取得的全部价款和价外费用中扣除价款的合法凭证及其清单。

⑦ 主管税务机关规定的其他资料。

（3）纳税申报表及其附列资料为必报资料。纳税申报其他资料的报备要求由各省、自治区、直辖市和计划单列市国家税务局确定。

（二）增值税纳税申报表的格式

小规模纳税人增值税申报表如表 2-2 所示。

表 2-2　增值税纳税申报表
（小规模纳税人适用）

纳税人识别号：□□□□□□□□□□□□□□□□□□□□

纳税人名称（公章）：　　　　　　　　　　　　　　　　　金额单位：元至角分

税款所属期：　年 月 日至　年 月 日　　　　　　　　　　填表日期：　年 月 日

项　目		栏次	本期数		本年累计	
			货物及劳务	服务、不动产和无形资产	货物及劳务	服务、不动产和无形资产
计税依据	（一）应征增值税不含税销售额	1				
	税务机关代开的增值税专用发票不含税销售额	2				
	税控器具开具的普通发票不含税销售额	3				
	（二）销售、出租不动产不含税销售额	4				
	税务机关代开的增值税专用发票不含税销售额	5				
	税控器具开具的普通发票不含税销售额	6				
	（三）销售使用过的固定资产不含税销售额	7(7 ≥ 8)				
	其中：税控器具开具的普通发票不含税销售额	8				
	（四）免税销售额	9=10+11+12				
	其中：小微企业免税销售额	10				
	未达起征点销售额	11				
	其他免税销售额	12				
	（五）出口免税销售额	13(13 ≥ 14)				
	其中：税控器具开具的普通发票销售额	14				
税款计算	本期应纳税额	15				
	本期应纳税额减征额	16				
	本期免税额	17				
	其中：小微企业免税额	18				

续表

项　目	栏次	本期数		本年累计	
		货物及劳务	服务、不动产和无形资产	货物及劳务	服务、不动产和无形资产
未达起征点免税额	19				
应纳税额合计	20=15-16				
本期预缴税额	21				
本期应补（退）税额	22=20-21				

纳税人或代理人声明：	如纳税人填报，由纳税人填写以下各栏：	
本纳税申报表是根据国家税收法律法规及相关规定填报的，我确定它是真实的、可靠的、完整的。	办税人员：　　　　　　　　　财务负责人：	
	法定代表人：　　　　　　　　　联系电话：	
	如委托代理人填报，由代理人填写以下各栏：	
	代理人名称（公章）：　　　　　经办人：	
	联系电话：	

主管税务机关：　　　　　　　接收人：　　　　　　接收日期：

41 增值税如何进行纳税筹划？

　　企业的税收筹划是指在相关的纳税行为发生之前，在**不违背**国家法律、法规、政策的前提下，通过对税务主题的经营活动或投资行为等涉税事项做出事先安排，以达到**节约**企业的纳税支出，**规避**税收风险，**实现**企业利益最大化财务目标的一系列谋划活动。在这里，需要我们予以重视的一点就是，企业的税务筹划行为一般是在纳税行为发生之前就已经开始，而不是发生在纳税发生当中甚至完了之后。还有就是我们一定要明确税收筹划一定是要在不违反法律、法规、政策的前提之下进行的，我们现在有很多企业，特别是一些民营企业都做两套账，大多数存在偷税漏税的情况，他们理解的税务也只停留在如何偷税漏税这一块，这也不是真正的税收筹划，所以我们在这里对税收筹划要有一个正确的认识，这样才能更合理有效地进行税收筹划。

企业的税收筹划需要严格遵守的**四大基本原则**包括以下几个方面：一是合法性原则，就是企业的税收筹划必须是在国家法律和税务政策容许的范围之内进行，其他一切违法的税收筹划都是无效的，需要承担相应的法律责任；二是利益最大化原则，企业的经营的目的就是企业利益最大化，企业的税收筹划是企业经营活动中一个重要环节，所以税收筹划最主要的目的就是利益最大化；三是风险最小化的原则，税收筹划必须在追求利益最大化的同时，兼顾企业的税收筹划的风险，一般是收益越大，风险也就也大，所以企业的税收筹划在收益跟风险之间必须进行权衡，以保证得到真正的财务利益；四是经济性原则，纳税人在选择节减税款的方式和方法很多，税收筹划在选择节税方案时要选择容易操作、简单、费用最低的方案，这就是经济性原则。

一般而言，企业的税收筹划的基本原理我们可以从以下两个方面进行总结分析，一是直接进行税收筹划，也就是通过税收筹划直接减少纳税人的纳税绝对额，这种方法也是运用最普遍的；二是相对进行税收筹划，也就具说纳税人在长时间来看纳税总额并没有在绝对值上进行减少，但是某些纳税期的纳税义务递延到以后的纳税期实现，取得了递延纳税额的时间价值，从而取得了相对收益，该筹划只要考虑到货币的时间价值。

（一）销售方式的税法领悟及筹划

在现在社会，一般而言企业销售商品的方式主要有：折扣销售、销售折扣、销售折让、以旧换新、还本销售和以物易物等。企业在商品或劳务的销售过程中可以对销售方式进行自主选择、自主筹划，选择最优的销售方式以实现利益最大化。因为不同的销售方式，往往适用不同的税收政策，也就存在税收待遇的差别，为减轻税负提供了筹划机会。一般而言，从税收筹划的角度，折扣销售还是更能体现税收筹划的效果，但还是要根据实际情况合理有效的选择销售方式。其他的销售方式也都需要规避税收风险。

（二）销售旧固定资产的税法领悟与税收筹划

我国增值税条例对有关销售旧货和旧机动车的增值税政策做出了明确的规定。一是纳税人销售旧货（包括旧货经营单位销售旧货和纳税人销售自己使用过的固定资产），无论其是增值税一般纳税人还是小规模纳税人，也无论其是否为批准认定的旧货调剂试点单位，一律按4%的征收率减半征收增值税，不得抵扣进项税额。二是纳税人销售自己使用过的属于应征消费税的机动车、摩托车、游艇，售价超过原值的，按4%的征收率减半征收增值税；售价没有超过原值的，免征增值税。旧机动车经营单位销售旧机动车、摩托车、游艇，按4%的征收率减半征收增值税。

（三）销售价格的税法领悟与税收筹划

众所周知，企业主要产品的销售价格对企业至关重要。企业纳税人可以利用产品定价的自由权，制定利益最大化模式下的"合理"价格，从而获得更多的收益。与税收筹划有关的定价策略有两种方式：一种是与自身的关联企业制定合作定价，目的是减轻企业间的整体税负；另一种是主动制定一个稍低一点的价格，以获得更大的销量，从而获得更多的收益。

（四）代销与委托代销的税法透视与税收筹划

企业的代销行为是一种比较典型的视同销售行为。代销通常有两种方式：收取手续费方式和视同买断方式。收取手续费的方式是受托方根据所代销的商品数量向委托方收取的手续费，税法规定针对这种劳务收入和货物都需要按增值税要求缴纳。视同买断方式由委托方和受托方签订协议，委托方按协议收取所代销的货款，实际售价可由双方在协议中明确规定，也可以由受托方自定，实际售价与协议价之间的差额归受托方所有，这种销售也是代销。税法规定针对手续费和差价要征收增值税，针对货物要征收增值税，因此，明确了企业的代销方式，有助于合理选择对企业有利的代销方式，达到税务筹划的目的。

（五）组织运输劳务的税收政策领悟及税收筹划

在一般纳税人自营车辆进行运输时，运输工具耗用的油料、配件及正常修理费支出等项目，如果索取了专用发票则可以抵扣 17% 的增值税；若企业不用自营车辆运输，而是外购运输劳务，依据税法规定只能按运输专业发票票额中的运费（不含装卸费、保险费等）计算抵扣 7% 的增值税。因此，当运费中所含物耗支出费用较大时，采取自营方式运输，按 17% 的税率计算抵扣增值税税负较轻；当运费中所含的物耗支出费用较低时或不能获得增值税专用发票时，采取外购运输，按 7% 的税率计算抵扣增值税，税负较轻。到底是选择外购运输还是自营运输，可以通过测算两种方式的增值税税负平衡点进行选择。

第三章　消费税

[**本章导读**]

和增值税相比较，消费税的征税范围比较小，它只是针对一部分商品，如香烟、酒类、汽车等征收的一种税，在计算方法上也相对简单一些。

在本章的学习之中，我们将重点学习以下几个方面的内容。

第一，消费税是一种什么税？

第二，消费税的征收对象及征收范围包括哪些？

第三，消费税在哪些环节进行缴纳？

第四，消费税的税率是怎样规定的？

第五，消费税应纳税额如何计算？

第六，进口应税消费品应纳税额的计算？

第七，出口应税消费品应该如何计算退免税金额？

第八，如何办理消费税的申报和缴纳？

42 什么是消费税？

消费税是对我国境内从事生产、委托加工和进口应税消费品的单位和个人，就其销售额或销售数量，在特定环节征收的一种税。简单地说，消费税是对特定的消费品和消费行为征收的一种税。

43 消费税有什么特点？

消费税的征税对象主要是与居民消费相关的最终消费品和消费行为，与其他税种比较，消费税具有如下几个特点：

（1）征税项目具有选择性，主要是特殊消费品、奢侈品、高能耗消费品、不可再生的资源消费品；

（2）征税环节具有单一性，消费税是在生产（进口）、流通或消费的某一环节一次征收，而不是在消费品生产、流通或消费的每个环节多次征收，即通常所说的一次课征制；

（3）消费税具有转嫁性，消费税无论采取价内税形式还是价外税形式，也无论在哪个环节征收，消费品中所含的消费税税款最终都要转嫁到消费者身上，由消费者负担，税负具有转嫁性。

44 消费税的纳税人有哪些？

根据《消费税暂行条例》的规定，消费税的纳税人为：在中华人民共和国境内生产、委托加工和进口应税消费品的单位和个人。具体来说，消费税纳税人包括：

（1）生产应税消费品的单位和个人；

（2）进口应税消费品的单位和个人；

（3）委托加工应税消费品的单位和个人。其中，委托加工的应税消费品由受托方于委托方提货时代扣代缴（受托方为个体经营者除外），自产自用的应税消费品，由自产自用单位和个人在移送使用时缴纳消费税。

45 哪些消费品属于应纳税消费品？

在种类繁多的消费品中，列入消费税征税范围的消费品并不很多，大体上可归为五类。

第一类：一些过度消费会对人身健康、社会秩序、生态环境等方面造成危害的特殊消费品，如烟、酒、鞭炮、焰火等。

第二类：非生活必需品，如化妆品、贵重首饰、珠宝玉石等。

第三类：高能耗及高档消费品，如摩托车、小汽车等。

第四类：不可再生和替代的稀缺资源消费品，如汽油、柴油。

第五类：税基宽广、消费普遍、征税后不影响居民基本生活并具有一定财政意义的消费品，如护肤护发用品、汽车轮胎。

46 消费税的税目有哪些？

按照《消费税暂行条例》的规定，列入征收消费税征税范围的税目共有 14 个，具体征收范围包括以下内容。

（1）**烟**。烟是指以烟叶为原料加工生产的特殊消费品，卷烟是指将各种烟叶切成烟丝并按照一定的配方辅之以糖、酒、香料加工而成的产品。

（2）**酒类**。酒类包括粮食白酒、薯类白酒、黄酒、啤酒和其他酒。其他酒是指除粮食白酒、薯类白酒、黄酒、啤酒以外，酒度在1度以上的各种酒，包括糠麸酒白酒、其他原料白酒、土甜酒、复制酒、果木酒、汽酒、药酒等。酒精的征收范围包括用蒸馏法和合成方法生产的各种工业酒精、食用酒精。

（3）**化妆品**。本税目征收范围包括各类美容、修饰类化妆品、高档护肤类化妆品和成套化妆品。美容、修饰类化妆品是指香水、香水精、香粉、口红、指甲油、胭脂、眉笔、唇笔、蓝眼油、眼睫毛以及成套化妆品。舞台、戏剧、影视演员化妆用的上妆油、卸装油、油彩，不属于本税目的征收范围。

在取消护肤护发品这个税目之后，原属于护肤护发品税目的高档护肤类化妆品也属于了化妆品的税目了。

（4）**贵重首饰及珠宝玉石**。贵重首饰及珠宝玉石的征收范围包括：各种金银珠宝首饰和经采掘、打磨、加工的各种珠宝玉石。

（5）**鞭炮、焰火**。鞭炮又称爆竹，是用多层纸密裹火药，接以药引线制成的一种爆炸品。焰火一般系包扎品，内装药剂，点燃后烟火喷射，呈各种颜色，有的还变幻成各种景象。鞭炮、焰火的征收范围包括各种鞭炮、焰火，但体育上用的发令纸、鞭炮引线，不按本税目征收。

（6）**成品油**。成品油税目是在合并了原来的汽油、柴油两个税目后，又增加了其他油品项目的新税目。本税目包括汽油、柴油、石脑油、溶剂油、航空煤油、润滑油、燃料油七个子目。

① **汽油**。汽油是指由天然或人造原油经蒸馏所得的直馏汽油组分，二次加工汽油组分及其他高辛烷值组分按一定的比例调和而成。该税目征收

范围包括：辛烷不小于 66 碳的各种汽油，用其他原料、工艺生产的汽油，也属于本税目的征收范围。

② 柴油。柴油是轻质石油产品的一大类，本税目征收范围包括：倾点在 -50 号至 30 号的各种柴油。以柴油组分为主、经调和精制可以用作柴油发动机的非标油品，也属于柴油的征收范围。

③ 石脑油。石脑油又叫轻汽油、化工轻油。是以石油加工生产的或二次加工汽油经加氢精制而得的用于化工原料的轻质油。石脑油的征收范围包括除汽油、柴油、煤油、溶剂油以外的各种轻质油。

④ 溶剂油。溶剂油是以石油加工生产的用于涂料和油漆生产、食用油加工、印刷油墨、皮革、农药、橡胶、化妆品生产的轻质油。溶剂油的征收范围包括各种溶剂油。

⑤ 航空煤油。航空煤油也叫喷气燃料，是以石油加工生产的用于喷气发动机和喷气推进系统中作为能源的石油燃料。

航空煤油的征收范围包括各种航空煤油。

⑥ 润滑油。润滑油是用于内燃机、机械加工过程的润滑产品。润滑油分为矿物性润滑油、植物性润滑油、动物性润滑油和化工原料合成润滑油。

润滑油的征收范围包括以石油为原料加工的矿物性润滑油，矿物性润滑油基础油。植物性润滑油、动物性润滑油和化工原料合成润滑油不属于润滑油的征收范围。

⑦ 燃料油。燃料油也称重油、渣油。燃料油征收范围包括用于电厂发电、船舶锅炉燃料、加热炉燃料、冶金和其他工业炉燃料的各类燃料油。

（7）汽车轮胎。汽车轮胎是指用于各种汽车、挂车、专用车和其他机动车上的内、外胎。该税目的征税范围具体包括：轻型乘用汽车轮胎；载重及公共汽车、无轨电车轮胎；矿山、建筑等车辆用轮胎；特种车辆用轮胎（指行驶于无路面或雪地、沙漠等高越野轮胎）；摩托车轮胎；各种挂车用轮胎；工程车轮胎；其他机动车轮胎；汽车，与农用拖拉机、收割机、手扶拖拉机通用轮胎。

（8）**摩托车**。摩托车是指安装内燃发动机，设计时速在20公里以上的两个或三个车轮的机动车，包括二轮摩托车、三轮摩托车和轻便摩托车等。本税目的征税范围包括：轻便摩托车和摩托车。

（9）**汽车**。汽车是指由动力驱动，具有四个或四个以上车轮的非轨道承载的车辆。

本税目征收范围包括含驾驶员座位在内最多不超过九个座位（含）的，在设计和技术特性上用于载运乘客和货物的各类乘用车和含驾驶员座位在内的座位数在10至23座（含23座）的在设计和技术特性上用于载运乘客和货物的各类中轻型商用客车。

用排气量小于1.5升（含）的乘用车底盘（车架）改装、改制的车辆属于乘用车征收范围。用排气量大于1.5升的乘用车底盘（车架）或用中轻型商用客车底盘（车架）改装、改制的车辆属于中轻型商用客车征收范围。

含驾驶员人数（额定载客）为区间值的（如8～10人；17～26人）小汽车，按其区间值下限人数确定征收范围。

电动汽车不属于本税目征收范围。

（10）**高尔夫球及球具**。高尔夫球及球具是指从事高尔夫球运动所需的各种专用装备，包括高尔夫球、高尔夫球杆及高尔夫球包（袋）等。

本税目征收范围包括高尔夫球、高尔夫球杆、高尔夫球包（袋）。高尔夫球杆的杆头、杆身和握把属于本税目的征收范围。

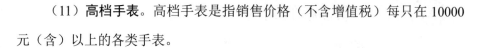

（11）**高档手表**。高档手表是指销售价格（不含增值税）每只在 10000 元（含）以上的各类手表。

本税目征收范围包括符合以上标准的各类手表。

（12）**游艇**。游艇是指长度大于 8 米小于 90 米，船体由玻璃钢、钢、铝合金、塑料等多种材料制作，可以在水上移动的水上浮载体。按照动力划分，游艇分为无动力艇、帆艇和机动艇。

本税目征收范围包括艇身长度大于 8 米（含）小于 90 米（含），内置发动机，可以在水上移动，一般为私人或团体购置，主要用于水上运动和休闲娱乐等非牟利活动的各类机动艇。

（13）**木制一次性筷子**。木制一次性筷子，又称卫生筷子，是指以木材为原料经过锯段、浸泡、旋切、刨切、烘干、筛选、打磨、倒角、包装等环节加工而成的各类一次性使用的筷子。

本税目征收范围包括各种规格的木制一次性筷子。未经打磨、倒角的木制一次性筷子属于本税目征税范围。

（14）**实木地板**。实木地板是指以木材为原料，经锯割、干燥、刨光、截断、开榫、涂漆等工序加工而成的块状或条状的地面装饰材料。实木地板按生产工艺不同，可分为独板（块）实木地板、实木指接地板、实木复合地板三类；按表面处理状态不同，可分为未涂饰地板（白坯板、素板）和漆饰地板两类。

本税目征收范围包括各类规格的实木地板、实木指接地板、实木复合地板及用于装饰墙壁、天棚的侧端面为榫、槽的实木装饰板。未经涂饰的素板属于本税目征税范围。

㊼ 什么是消费税的纳税环节？

纳税环节是指税法上规定的课税对象从生产到消费的流转过程中应当缴纳税款的环节。同增值税不同的是，消费税一般（除过委托加工、购入应纳消费税的消费品生产应税消费品）**只需要在一个环节进行征收**，而不是层层课征。

在现行《消费税暂行条例》中，大多数消费品的纳税环节确定在生产环节，主要有以下原因：一是可以大大减少纳税人数量、降低征管费用、加强源泉控制和减少税款流失的风险；二是可以保证税款及时上缴国库；三是把纳税环节提前并实行价内税形式，增加了税负的隐蔽性，这样可以在一定程度上避免不必要的社会震动。

㊽ 消费税具体的纳税环节有哪些？

按照消费品的不同种类和生产方式，消费税的纳税环节分为以下几种情况。

（1）生产环节

纳税人生产的应税消费品，由生产者于销售时纳税。其中，生产者自产自用的应税消费品，用于本企业连续生产的不征税；用于其他方面的，于移送使用时纳税。

委托加工的应税消费品，由受托方在向委托方交货时代收代缴税款。委托加工的应税消费品直接出售的，不再征收消费税；委托加工应税消费品收回后用于连续生产应税消费品的，因最终生产的消费品需缴纳消费税，因此，对受托方代收代缴的消费税准予抵扣。

（2）进口环节

进口的应税消费品，由进口报关者于报关进口时纳税。

（3）零售环节

金银首饰消费税由生产销售环节征收改为零售环节征收。

49 消费税的税率一般规定是什么？

现行消费税税率的规定包括**三种形式**，分别是定额与比例相结合的税率、比例税率、定额税率。（如表 3-1 所示）

表 3-1 消费税税目税率表

税 目	税 率
一、烟	
1.卷烟	
（1）甲类卷烟	45% 加 0.003 元 / 支
（2）乙类卷烟	30% 加 0.003 元 / 支
2.雪茄烟	25%
3.烟丝	30%
二、酒及酒精	
1.白酒	20% 加 0.5 元 /500 克（或者 500 毫升）
2.黄酒	240 元 / 吨
3.啤酒	
（1）甲类啤酒	250 元 / 吨
（2）乙类啤酒	220 元 / 吨
4.其他酒	10%
5.酒精	5%
三、化妆品	30%

续表

税　目	税　率
四、贵重首饰及珠宝玉石 　　1. 金银首饰、铂金首饰和钻石及钻石饰品 　　2. 其他贵重首饰和珠宝玉石	 5% 10%
五、鞭炮、焰火	15%
六、成品油 　　1. 汽油 　　　（1）含铅汽油 　　　（2）无铅汽油 　　2. 柴油 　　3. 航空煤油 　　4. 石脑油 　　5. 溶剂油 　　6. 润滑油 　　7. 燃料油	 0.28 元／升 0.20 元／升 0.10 元／升 0.10 元／升 0.20 元／升 0.20 元／升 0.20 元／升 0.10 元／升
七、汽车轮胎	3%
八、摩托车 　　1. 气缸容量（排气量，下同）在 250 毫升（含 250 毫升）以下的 　　2. 气缸容量在 250 毫升以上的	 3% 10%
九、小汽车 　　1. 乘用车 　　　（1）气缸容量（排气量，下同）在 1.0 升（含 1.0 升）以下的 　　　（2）气缸容量在 1.0 升以上至 1.5 升（含 1.5 升）的 　　　（3）气缸容量在 1.5 升以上至 2.0 升（含 2.0 升）的 　　　（4）气缸容量在 2.0 升以上至 2.5 升（含 2.5 升）的 　　　（5）气缸容量在 2.5 升以上至 3.0 升（含 3.0 升）的 　　　（6）气缸容量在 3.0 升以上至 4.0 升（含 4.0 升）的 　　　（7）气缸容量在 4.0 升以上的 　　2. 中轻型商用客车	 1% 3% 5% 9% 12% 25% 40% 5%
十、高尔夫球及球具	10%
十一、高档手表	20%
十二、游艇	10%
十三、木制一次性筷子	5%
十四、实木地板	5%

50 兼营情况下，如何确定税率？

如果存在下列情况时，应**按适用税率中最高税率征税**。

（1）纳税人兼营不同税率的应税消费品，即生产销售两种税率以上的应税消费品时，应当分别核算不同税率应税消费品的销售额或销售数量，未分别核算的，按最高税率征税。

（2）纳税人将应税消费品与非应税消费品，以及适用税率不同的应税消费品组成成套消费品销售的，应根据组合产制品的销售金额按应税消费品中适用最高税率的消费品税率征税。

51 如何计算消费税？

国家在确定消费税的计税依据时，主要从应税消费品的价格变化情况和便于征纳等角度出发，分别采用**从量**和**从价**两种计税办法。

（1）实行从量定额计征办法的计税依据

从量定额通常以每单位应税消费品的重量、容积或数量为计税依据，并按每单位应税消费品规定固定税额，这种固定税额即为**定额税率**。

我国消费税对黄酒、啤酒、汽油、柴油等实行定额税率，采用从量定额的办法征税，其计税依据是纳税人销售应税消费品的数量，其计税公式为：

应纳税额＝应税消费品数量 × 消费税单位税额

（2）实行从价定率计征办法的计税依据

实行从价定率办法征税的应税消费品，计税依据为应税消费品的销售额。实行从价定率征收的消费品，其消费税税基和增值税税基是一致的，即都是以含消费税而不含增值税的销售额作为计税基数。

实行从价定率征收办法的消费品，其应纳税额计算公式为：

应纳税额＝应税消费品的销售额 × 适用税率

（3）卷烟、粮食白酒、薯类白酒实行从量定额和从价定率相结合计算应纳税额的复合计税办法。

应纳税额计算公式：

应纳税额＝销售数量 × 定额税率＋销售额 × 比例税率

52 哪些销售行为应交消费税？

要正确核定消费税的计税依据，首先应正确确定应税消费品的销售行为。根据《消费税暂行条例》及实施细则的有关规定，下列情况均应作销售或视同销售，确定销售额（也包括销售数量），并按规定缴纳消费税。具体包括以下内容。

（1）有偿转让应税消费品所有权的行为。

（2）纳税人自产自用的应税消费品用于其他方面的。即纳税人用于生产非应税消费品和在建工程、管理部门、非生产机构、提供劳务以及用于馈赠、赞助、广告、样品、职工福利奖励等，均视同对外销售。

（3）委托加工的应税消费品。委托加工是指由委托方提供原料和主要材料，受托方只收取加工费和代垫部分辅助材料加工的应税消费品。但是，委托加工收回的应税消费品直接出售的，可不计算销售额，不再征收消费税。

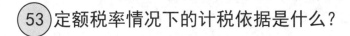

53 定额税率情况下的计税依据是什么？

销售数量是指应税消费品的数量，具体为：

（1）销售应税消费品的，为应税消费品的销售数量；

（2）自产自用应税消费品的，为应税消费品的移送使用数量；

（3）委托加工应税消费品的，为纳税人收回的应税消费品数量；

（4）进口的应税消费品，为海关核定的应税消费品进口征税数量。

54 应税消费品的销售额如何确定？

应税消费品的销售额包括销售应税消费品从购买方收取的全部价款和价外费用。所谓"价外费用"，是指：价外收取的基金、集资款、返还利润；补贴、违约金（延期付款利息）和手续费、包装费、储备费、优质费、运输装卸费、品牌使用费、代收款项、代垫款项以及其他各种性质的价外收费。但"销售额"不包括应向购买方收取的增值税税额。

55 应税消费品的销售额中外购已税消费品已纳消费税的扣除范围有哪些？

由于某些应税消费品是用外购已缴纳消费税的应税消费品连续生产出来的，在对这些连续生产出来的应税消费品计算征税时，税法规定应按当期生产领用数量计算准予扣除外购的应税消费品已纳的消费税税款。扣除范围包括：

（1）外购已税烟丝生产的卷烟；

（2）外购已税化妆品生产的化妆品；

（3）外购已税护肤护发品生产的护肤护发品；

（4）外购已税珠宝玉石生产的贵重首饰及珠宝玉石；

（5）外购已税鞭炮、焰火生产的鞭炮、焰火；

（6）外购已税汽车轮胎（内胎或外胎）生产的汽车轮胎；

（7）外购已税摩托车生产的摩托车。

除过以上规定，还有以下**两点需要注意**。

（1）从 2001 年 5 月 1 日起，停止执行生产领用外购酒和酒精已纳消费税税款准予抵扣的政策。2001 年 5 月 1 日以前购进的已税酒及酒精，已纳消费税税款没有抵扣完的一律停止抵扣。

（2）另外，纳税人用外购的已税珠宝玉石生产的改在零售环节征收消费税的金银首饰（镶嵌首饰）、钻石首饰，在计税时，一律不得扣除外购珠宝玉石的已纳税款。

上述当期准予扣除外购应税消费品已纳消费税税款的计算公式为：

$$\text{当期准予扣除的外购应税消费品已纳税额}=\text{当期准予扣除的外购应税消费品买价}\times\text{外购应税消费品适用税率}$$

$$\text{当期准予扣除的外购应税消费品买价}=\text{期初库存的外购应税消费品买价}+\text{当期购进的外购应税消费品买价}-\text{期末库存的外购应税消费品买价}$$

(56) 什么是委托加工应税消费品？

委托加工的应税消费品，是指由委托方提供原料和主要材料，受托方只收取加工费和代垫部分辅助材料加工的应税消费品。对于由受托方提供原材料生产的应税消费品，或者受托方先将原材料卖给委托方，然后再接受加工的应税消费品，以及由受托方以委托方名义购进原材料生产的应税消费品，不论纳税人在财务上是否作销售处理，都不得作为委托加工应税消费品，而应当按照销售自制应税消费品缴纳消费税。

57 委托加工条件下怎样代收代缴应纳消费税？

《消费税暂行条例》及实施细则规定：受托方是法定的代收代缴义务人，由受托方在向委托方交货时代收代缴消费税。但纳税人委托个体经营者加工应税消费品，一律于委托方收回后在委托方所在地缴纳消费税。

如果受托方没有按有关规定代收代缴消费税，或没有履行代收代缴义务，就要按照税收征管法的有关规定，承担补税或罚款的法律责任。

58 委托加工应税消费品应纳消费税怎样计算？

根据《消费税暂行条例》规定，委托加工的应税消费品按照受托方的同类消费品的销售价格计算纳税；没有同类消费品销售价格的，按照组成计税价格计算纳税。

（1）有同类消费品销售价格的，其应纳税额的计算公式为：

应纳税额＝同类消费品单价 × 委托加工数量 × 适用税率

（2）没有同类消费品销售价格的，按组成计税价格计税。计算公式为：

应纳税额＝组成计税价格 × 适用税率

$$组成计税价格 = \frac{材料成本 + 加工费}{1 - 消费税税率}$$

对于委托加工的应税消费品，受托方在交货时已代收代缴消费税，委托方收回后直接销售的，不再征收消费税。

59 用委托加工收回的应税消费品连续生产应税消费品时如何计算征收消费税？

纳税人用委托加工收回的下列七种应税消费品连续生产应税消费品，在计征消费税时可以扣除委托加工收回应税消费品的已纳消费税税款。下列委托加工收回的应税消费品准予从应纳消费税税额中扣除原料已纳消费税税额：

（1）以委托加工收回的已税烟丝为原料生产的卷烟；

（2）以委托加工收回的已税化妆品为原料生产的化妆品；

（3）以委托加工收回的已税护肤护发品为原料生产的护肤护发品；

（4）以委托加工收回的已税珠宝玉石为原料生产的贵重首饰及珠宝玉石；

（5）以委托加工收回的已税鞭炮、焰火为原料生产的鞭炮、焰火；

（6）以委托加工收回的已税汽车轮胎连续生产的汽车轮胎；

（7）以委托加工收回的已税摩托车连续生产的摩托车。

上述当期准予扣除委托加工收回的应税消费品已纳消费税税款的计算公式是：

$$\begin{array}{l}当期准予扣除的委托加工\\应税消费品已纳税款\end{array} = \begin{array}{l}期初库存的委托加工\\应税消费品已纳税款\end{array} + \begin{array}{l}当期收回的委托加工\\应税消费品已纳税款\end{array} - \begin{array}{l}期末库存的委托加工\\应税消费品已纳税款\end{array}$$

需要说明的是，纳税人用委托加工收回的已税珠宝玉石生产的该在零售三环节征收消费税的金银首饰，在计税时一律不得扣除委托加工收回的珠宝玉石的已纳消费税税款。

60 进口应税消费品的纳税义务人、课税对象、税率和其他规定是什么？

根据《消费税暂行条例》及实施细则等有关规定，进口应税消费品的有关规定如下所示。

（1）纳税义务人

进口或代理进口应税消费品的单位和个人，为进口应税消费品消费税的纳税义务人。

（2）课税对象

进口应税消费品以进口商品总值为课税对象。进口商品总值具体包括：到岸价格、关税和消费税三部分内容。

（3）税率

进口应税消费品消费税的税目、税率（税额），依照消费税税目税率（税额）表执行。

（4）其他规定

进口的应税消费品，于报关进口时缴纳消费税；

进口的应税消费品的消费税由海关代征；

进口的应税消费品，由进口人或者其代理人向报关地海关申报纳税；

纳税人进口应税消费品，应当自海关填发税款缴纳书的次日起七日内缴纳税款。

61 进口应税消费品应纳税额如何计算？

（1）实行从价定率办法的应税消费品的应纳税额的计算

组成计税价格＝（关税完税价格＋关税）／（1－消费税税率）

应纳税额＝组成计税价格 × 消费税税率

（2）实行从量定额办法的应税消费品的应纳税额的计算

应纳税额＝应税消费品数量 × 消费税单位税额

（3）实行从价定率和从量定额混合征收办法的应税消费品的应纳税额的计算

应纳税额＝组成计税价格 × 消费税税率＋应税消费品数量 × 消费税单位税额

进口环节消费税除国务院另有规定者外，一律不得给予减税、免税。

[案例分析]

某外贸公司，2006 年 3 月从国外进口一批应税消费品，已知该批应税消费品的关税完税价格为 90 万元，按规定应缴纳关税 18 万元，假定进口的应税消费品的消费税税率为 10%。进口环节应缴纳的消费税是多少？

计算与分析：

（1）组成计税价格＝（90＋18）÷（1－10%）＝120（万元）

（2）应纳消费税额＝120×10%＝12（万元）

本例中所称"关税完税价格"，是指海关核定的关税计税价格。

---

62 出口应税消费品的免税规定有哪些？

按照《消费税暂行条例》第 11 条的规定：对纳税人出口的应税消费品，

免征消费税；国务院另有规定的除外。国务院另有规定的，是指国家限制出口的应税消费品。

免征消费税的出口应税消费品应分别不同情况处理：

（1）生产企业直接出口应税消费品或委托外贸企业出口应税消费品，按规定直接予以免税的，可不计算应缴消费税；

（2）外贸企业出口应税消费品，如规定实行先征后退办法的，可先按规定计算缴纳消费税。

63 出口应税消费品退税的企业有哪些？

出口应税消费品的退税，原则上应将所退税款全部退还给出口企业。出口应税消费品退税的企业范围主要包括：

（1）有出口经营权的外贸、工贸公司；

（2）特定出口退税企业。如对外承包工程公司、外轮供应公司等。

64 出口应税消费品退税的范围是什么？

（1）具备出口条件，给予退税的消费品。这类消费品必须具备四个条件：属于消费税征税范围的消费品；取得税收（出口产品专用）缴款书、增值税专用发票（税款抵扣联）、出口货物报关单（出口退税联）、出口收汇单证；必须报关离境；在财务上作出口销售处理。

（2）不具备出口条件，也给予退税的消费品。如对外承包工程公司运出境外用于对外承包项目的消费品，外轮供应公司、远洋运输供应公司销售给外轮、远洋货轮而收取外汇的消费品等。

（3）有些消费品虽具备出口条件，但不给予退税待遇。如援外出口货物、禁止出口货物等。

（4）对于出口的来料加工产品、军品及军队系统企业出口的军需工厂生产或军需部门调拨的货物，以及卷烟等，免征消费税，但不办理退税。

（5）除规定不退税的应税消费品以外，对有进出口经营权的生产企业委托外贸企业代理出口的消费税应税消费品，一律免征消费税；对其他生产企业委托出口的消费税应税消费品，实行“先征后退”的办法。

(65) 出口应税消费品退税税率有哪些规定？

计算出口应税消费品应退消费税的税率或单位税额，严格按照《消费税暂行条例》所附消费税税目税率（税额）表执行。

当出口的货物是应税消费品时，其退还增值税要按规定的退税率计算，而其退还消费税则按应税消费品所适用的消费税税率计算。

企业应将不同消费税税率的出口应税消费品分开核算和申报，凡划分不清适用税率的，一律从低适用税率计算应退消费税税额。

(66) 出口应税消费品退税如何计算？

（1）退税的计算依据

① 对采用比例税率征税的消费品，其退税依据是从工厂购进货物时，计算征收消费税的价格。对含增值税的购进金额应换算成不含增值税的金

额，作为计算退税的依据。计算公式为：

$$\text{不含增值税的购进金额} = \frac{\text{含增值税的购进金额}}{1+\text{增值税税率或征收率}}$$

② 对采用固定税率征收消费税的消费品，其退税依据是出口报关的数量。

（2）退税的计算

外贸企业出口或代理出口货物的应退消费税税额，应分别按上述计税依据和消费税税目税率（税额）表规定的税率（单位税额）计算应退税额。其计算公式为：

应退消费税额=出口消费品的工厂销售额（出口数额）×税率（税额）

（3）其他有关规定

出口的应税消费品办理退（免）税后，发生退关或者国外退货的，报关出口者必须及时向其所在地主管税务机关申报补缴已退的消费税税款。

(67) 消费税的纳税义务发生时间怎样确定？

消费税纳税义务发生时间分为以下几种情况。

（1）纳税人销售的应税消费品，其纳税义务发生的时间为：

① 纳税人采取赊销和分期收款结算方式的，其纳税义务的发生时间，为销售合同规定的收款日期的当天；

② 纳税人采取预收货款结算方式的，其纳税义务的发生时间，为发出应税消费品的当天；

③ 纳税人采取托收承付结算方式销售的应税消费品，其纳税义务的发生时间，为发出应税消费品并办妥托收手续的当天；

④ 纳税人采取其他结算方式的，其纳税义务的发生时间，为收讫销售款或者取得索取销售款凭据的当天。

（2）纳税人自产自用的应税消费品，其纳税义务的发生时间，为移送使用的当天。

（3）纳税人委托加工的应税消费品，其纳税义务的发生时间，为纳税人提货的当天。

（4）纳税人进口的应税消费品，其纳税义务的发生时间，为报关进口的当天。

68 消费税的纳税期限是什么？

消费税的纳税期限分别为一日、三日、五日、十日、15 日、一个月或者一个季度。纳税人的具体纳税期限，由主管税务机关根据纳税人应纳税额的大小分别核定；不能按照固定期限纳税的，可以按次纳税。

纳税人以一个月或者一个季度为一个纳税期的，自期满之日起 15 日内申报纳税；以一日、三日、五日、十日或者 15 日为一个纳税期的，自期满之日起五日内预缴税款，于次月一日起 15 日内申报纳税并结清上月应纳税款。

纳税人进口应税消费品，应当自海关填发税款缴纳证的次日起七日内缴纳税款。

69 消费税的纳税地点怎样规定？

消费税纳税地点分以下几种情况。

（1）纳税人销售的应税消费品及自产自用的应税消费品，除国家另有规定外，应当向纳税核算地主管税务机关申报纳税。纳税人总机构和分支机构不在同一县（市）的，应在生产应税消费品的分支机构所在地申报纳税。但经国家税务总局及所属分局批准，纳税人分支机构应纳消费税，也可由总机构汇总向总机构所在地主管税务机关申报纳税。

（2）纳税人到外县（市）销售或委托外县（市）代销自产应税消费品的，应事先向其所在地主管税务机关提出申请，并于应税消费品销售后，回纳税人核算地缴纳税款。

（3）委托加工的应税消费品，由受托方向所在地主管税务机关报缴消费税税款。

（4）进口的应税消费品，由进口人或由其代理人向报关地海关申报纳税。此外，个人携带或者邮寄进境的应税消费品，连同关税由海关一并计征。具体办法由国务院关税税则委员会会同有关部门制定。

70 报缴税款的方法有什么？

纳税人报缴税款的方法，由所在地主管税务机关视不同情况，从下列方法中确定一种。

（1）纳税人按期向税务机关填报纳税申报表，并填开纳税缴款书，向其所在地代理金库的银行缴纳税款。

（2）纳税人按期向税务机关填报纳税申报表，由税务机关审核后填发缴款书，按期缴纳。

（3）对会计核算不健全的小型业户，税务机关可根据其产销情况，按季或按年核定其应纳税额，分月缴纳。

71 消费税的纳税申报表如何填报？

消费税纳税申报表的填报如表 3-2 所示。

表 3-2 消费税纳税申报表
（适用于消费税纳税人）

税款所属时间：自　年　月　日至　年　月　日　　　　　　　填表日期：　年　月　日

纳税人识别号											金额单位：　元 角 分			
纳税人名称			法定代表人姓名				营业地址							
开户银行及账号			经济性质			经济类型			电话号码					

	应税消费品名称	适用税目	应税销售额（数量） 1	适用税率（单位税额） 2	消费税额 3=1×2
本期消费税额					
	合计				

	应税消费品名称		本月领用用于生产应税消费品的买价 4	受托方代扣消费税的计税价格 5	适用税率 6	代扣代缴凭证号 7	抵扣税额 8=4（5）×6
本期抵扣税额	外购应税消费品						
		小计					
	委托加工收回的应税消费品						
		小计					
	合计						

	项目		本月数	累计数
税款计算	应税销售额（数量）	9=1		
	消费税额合计	10=3		
	应抵扣税额合计	11		
	代扣代缴税款	12		
	应纳消费税	13=10-11+12		
	已纳消费税	14		
	其中：1.上期结算税金	15		
	2.补交本年度欠税	16		
	3.补交以前年度欠税	17		
	应补（退、抵）消费税	18=13-14+15+16+17		
	计算	19		
	本年度新增欠税额	20		

续表

委托代理申报填写本栏		纳税人自行申报填写本栏		
代理人名称： 代理人地址： 代理人电话：	代理人 （签章）	会计主管 （签章）	经办人 （签章）	纳税人（签章）
以下由税务机关填写				
收到日期	接收人	审核日期	主管税务机关盖章： 接收人签字：	
审核记录				

㉟ 消费税如何进行纳税筹划？

一般而言，企业进行消费税的纳税筹划主要包括以下几个方面。

（一）征税范围的纳税筹划

企业的消费税的征收范围相对而言比较窄，仅仅局限在五大类 14 个税目商品，这 14 个税目应税消费品分别是：烟、酒及酒精、化妆品、贵重首饰及珠宝玉石、鞭炮及焰火、高尔夫球及球具、高档手表、游艇、木制一次性筷子、实木地板、成品油、汽车轮胎、摩托车、小汽车。如果企业希望从根本上避免缴纳消费税，不妨在投资决策的时候，就避开上述消费品，而选择其他符合国家产业政策、在流转税及所得税方面有优惠措施的产品进行投资。

（二）消费税计税依据的纳税筹划

消费税的现行制度规定：消费税的计算方法有从价定率、从量定额和从价定率与从量定额相结合三种方法。因此，企业在进行消费税的税收筹划时，在计税依据方面有较大的操纵空间。

（1）对包装物押金的筹划。对实行从价定率办法计算应纳税额的应税消费品，如果包装物连同产品销售，无论包装物是否单独计价，也不论会计上如何处理，包装物均应并入销售额中计征消费税。但如果包装物并未随同产品销售，而是借给购货方周转使用，仅仅收取包装物押金的话，只要此项押金在规定的时间内（一般为一年）退回。就可以不并入销售额计算纳税。因此，企业可以在适当情况下采用出借包装物的方式，一方面有助于减少计税依据，降低税收负担：另一方面在归还押金之前，企业可以占有这部分押金的利息，为企业获得额外收益。

（2）**对先销售后包装的筹划**。现行税法规定，纳税人将应税消费品与非应税消费品以及适用税率不同的应税消费品组成成套消费品销售的，应根据组合产制品的销售金额按应税消费品的最高税率征税。一般而言，我国的制造业企业在销售产品时，都采取"先包装后销售"的方式进行。按照上述规定。如果改成"先销售后包装"的方式，不仅可以大大降低消费税税负，而且增值税税负仍然保持不变。

（3）**对折扣销售和实物折扣的筹划**。现行税法规定，企业采用折扣销售方式时，如果折扣额和销售额在同一张发票上分别注明的，可按折扣后的余额计算消费税；如果将折扣额另开发票，不论其在财务上如何处理，均不得从销售额中减除折扣额。在处于买方市场的今天，企业采用折扣销售作为促销方式是非常常见的。尤其是生产应税消费品的企业，往往会给出极大的折扣比例，以吸引消费者。因此，企业严格按照税法规定开具发票，就可以大幅度降低销售额，少交消费税。要避免因发票开具不当而增加的不必要的税收负担。

（三）税率的筹划

（1）**兼营不同税率应税消费品的筹划**。现行税法规定，消费税的纳税人兼营不同税率的应税消费品，应分开核算不同税率应税消费品的销售额、销售数量。未分别核算的或将不同税率的应税消费品组成成套消费品销售的，从高适用税率。这就要求企业健全会计核算，按不同税率将应税消费品分开核算。如果为达到促销效果，采用成套销售方式的，可以考虑将税率相同或相近的消费品组成成套销售。

（2）**对混合销售行为的筹划。**现行税法规定，从事货物的生产、批发或零售的企业，以及以从事货物的生产、批发或零售为主，并兼营非应税劳务的企业的混合销售行为，视同销售货物，应当征收增值税。若货物为应税消费品，则计算消费税的销售额和计算增值税的销售额是一致的，都是向购买方收取的全部价款和价外费用。价外费用包括价外向购买方收取的手续费、补贴、包装物租金、运输装卸费、代收款项等诸多费用。

（四）已纳税款扣除的筹划

税法规定，将应税消费品用于连续生产应税消费品的，可按当期生产领用数量计算准予扣除外购的、进口的或委托加工收回的应税消费品已纳的消费税税款。而且允许扣除已纳税款的应税消费品只限于从工业企业购进的应税消费品，对从商业企业购进应税消费品的已纳税款一律不得扣除。因此，企业采购应税消费品，应尽可能从其生产厂家按出厂价购入，这样不仅可以避免从商业企业购入而额外多支付的成本，而且也可以实行已纳税款抵扣制，降低企业的税负。同时须注意的是允许抵扣已纳税款的消费品的用途应符合税法规定的范围。

第四章 城市维护建设税及教育费附加

[**本章导读**]

在小企业日常的纳税工作中，城市维护建设税和教育费附加是最常见的两个小税种。在本章的学习之中，我们将重点学习以下几个方面的内容。

第一，城市维护建设税是一种什么税？

第二，哪些人需要缴纳城市维护建设税？

第三，城市维护建设税税率有多高？

第四，一般纳税人应纳个人所得税额应该如何计算？

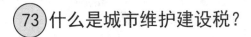

73 什么是城市维护建设税？

城市维护建设税是对从事工商经营，缴纳消费税、增值税的单位和个人征收的一种税。1985年2月8日，国务院正式颁布了《中华人民共和国城市维护建设税暂行条例》（以下简称《城建税暂行条例》），并于1985年1月1日在全国范围内施行，它是现行城市维护建设税的基本法规。

74 城市维护建设税有什么特点？

城市维护建设税是一种具有**受益性质**的行为税，它与其他税收相比较，具有以下特点。

（1）税款专款专用。城市维护建设税所征税款要求保证用于城市的公用事业和公共设施的维护和建设。

（2）属于一种附加税。城市维护建设税与其他税种不同，它没有自己独立的征税对象或税基，而是以消费税、增值税"二税"实际缴纳的税额之和为计税依据，随"两税"同时征收的。

（3）根据城镇规模设计税率，城镇规模大的，税率高一些，反之，就要低一些。例如，纳税人所在地在城市市区的，税率为7%；在县城建制镇的税率为5%。

（4）征收范围较广。城市维护建设税以消费税、增值税、营业税税额作为税基，意味着对所有纳税人都要征收城市维护建设税。因此，它的征税范围比其他任何税种的征税范围都要广。

75 城市维护建设税的征税范围是什么？

城市维护建设税的征税范围比较广。具体包括城市、县城、建制镇，以及税法规定征收"两税"的其他地区。城市、县城、建制镇的范围，应根据行政区划作为划分标准，不能随意扩大或缩小各自行政区域的管辖范围。

76 城市维护建设税的纳税人有哪些？

城市维护建设税的纳税人是在征税范围内从事工商经营，并缴纳消费税、增值税的单位和个人。为了更好地理解城市维护建设税的范围，请注意以下的三点。

（1）不论是国有企业、集体企业、私营企业、个体工商户，还是其他单位、个人，只要缴纳了消费税、增值税中的任何一种税，都必须**同时**缴纳城市维护建设税。

（2）个体商贩及个人在集市上出售商品，对其征收临时经营的增值税，是否同时按其实缴税额征收城市维护建设税，由各省、自治区、直辖市人民政府根据实际情况确定。

（3）外商投资企业和外国企业暂不缴纳城市维护建设税。

77 城市维护建设税的税率有哪些规定？

城市维护建设税实行的地区差别的固定比例税率，按照纳税人所在地的不同，税率分别规定为7%、5%、1%三个档次。具体适用范围是：

（1）纳税人所在地在城市市区的，税率为7%；

（2）纳税人所在地在县城、建制镇的，税率为5%；

（3）纳税人所在地不在城市市区、县城、建制镇的，税率为1%。

纳税单位或个人缴纳城市维护建设税的适用税率，一律按其纳税所在地的规定税率执行。

78 在选择城市维护建设税的税率时有哪些特殊情况？

（1）县政府设在城市市区，其在市区办的企业，按市区的规定税率计算纳税。纳税人所在地为工矿区的，应根据行政区划分别按照7%、5%、1%的税率缴纳城市维护建设税。

（2）城市维护建设税的适用税率，一般规定按纳税人所在地的适用税率执行。但对下列两种情况，可按缴纳"两税"所在地的规定税率就地缴纳城市维护建设税：

① 由受托方代收、代扣"两税"的单位和个人；

② 流动经营等无固定纳税地点的单位和个人。

79 城市维护建设税的计税依据是什么？

城市维护建设税的计税依据是纳税人实际缴纳的消费税、增值税税额。

城市维护建设税以"两税"税额为计税依据，指的是"两税"实际缴纳税额，不包括加收的滞纳金和罚款。因为滞纳金和罚款是税务机关对纳税人采取的一种经济制裁，不是"两税"的正税，因此，不应包括在计税依据之内。

⑧⓪ 城市维护建设税的税收减免上有哪些规定？

城市维护建设税是以消费税、增值税税额为计税依据，并与"两税"同时征收的。这样，税法规定对纳税人减免"两税"时，相应也减免了城市维护建设税。因此，城市维护建设税基本上没有单独规定减免税。但对一些特殊情况，财政部和国家税务总局作了特案减免税规定：

（1）海关对进口产品代征增值税、消费税的，不征收城市维护建设税；

（2）对出口产品退还增值税、消费税的，不退还已缴纳的城市维护建设税；

（3）对于因减免税而需要进行"两税"退库的，城市维护建设税也可同时退库；

（4）对个别缴纳城市维护建设税有困难的单位和个人，可由县人民政府审批，酌情给予减免税照顾。

⑧① 城市维护建设税的应纳税额如何计算？

城市维护建设税的应纳税额按以下公式计算：

应纳税额＝（实际缴纳的消费税＋增值税税额）× 适用税率

[案例分析]

地处县城的某国有企业，2018年2月份实际缴纳消费税40万元、增值税20万元。试计算应纳的城市维护建设税额。

分析与计算：

应纳税额＝（实际缴纳的消费税＋增值税税额）× 适用税率

$$= （40＋20）×5\% = 3（万元）$$

82 城市维护建设税的纳税地点有哪些规定？

根据税法规定的原则，针对一些比较复杂并有特殊性的纳税地点问题，财政部和国家税务总局作了如下规定。

（1）纳税人**直接缴纳**"两税"的，在缴纳"两税"地缴纳城市维护建设税。

（2）**代扣代缴**的纳税地点。代征、代扣、代缴消费税、增值税、营业税的企业单位，同时也要代征、代扣、代缴城市维护建设税。如果没有代扣城市维护建设税的，应由纳税单位或个人回到其所在地申报纳税。

（3）**银行**的纳税地点。各银行缴纳的营业税，均由取得业务收入的核算单位在当地缴纳。即：县以上各级银行直接经营业务取得的收入，由各级银行分别在所在地纳税。县和设区的市，由县支行或区办事处在其所在地纳税，而不能分别按所属营业所的所在地计算纳税。

83 城市维护建设税的纳税申报表如何填报？

城市维护建设税纳税申报表的填报如表 4-1 所示。

表 4-1 城市维护建设税纳税申报表

填表日期　年　月　日

纳税人识别号：				金额单位：人民币元（列至角分）			
纳税人名称		纳税所属时期			年　月　日至　年　月　日		
纳税人地址		开户行		账号			
应纳税项目	土地登记	占地面积（m²）	免税面积（m²）	应税面积（m²）	单位税额（m²）	全年应纳税额	本期应缴税额
	合计						
减免项目							
	合计						
如纳税人填报，由纳税人填写以下各栏				如委托代理人填报，由代理人填写以下各栏			
会计主管（签章）	经办人（签章）	纳税人（签章）年 月 日		代理人名称			备注
				代理人地址			
				经办人			
				电话			
以下由税务机关填写							
收到申报表日期				接收人		地方税务机关签章	

84 什么是教育费附加？

教育费附加是对缴纳增值税、消费税的单位和个人，就其实际缴纳的税额为计算依据征收的一种附加费。

85 教育费附加的计征依据是什么？

教育费附加对缴纳增值税、消费税的单位和个人征收，以其实际缴纳的增值税、消费税为计征依据，分别与增值税、消费税**同时缴纳**。

86 教育费附加计征比率是多少？

教育费附加计征比率曾几经变化，1986 年开征时，规定为 1%；1990 年 5 月《国务院关于修改〈征收教育费附加的暂行规定〉的决定》中规定为 2%；按照 1994 年 2 月 7 日《国务院关于教育费附加征收问题的紧急通知》的规定，现行教育费附加征收比率为 3%，但对生产卷烟和烟叶的单位减半征收教育费附加。

从 2005 年 10 月 1 日起，新修订的《教育费附加暂行规定》规定，教育费附加的征收率统一提高到 3%，对卷烟生产企业**不再减半征收**。

87 教育费附加的优惠减免有哪些规定？

教育费附加的减免规定具体如下所示。

（1）对海关进口的产品征收的增值税、消费税，不征收教育费附加。

（2）对由于减免增值税、消费税而发生退税的，可同时退还已征收的教育费附加。但对出口产品退还增值祝、消费税的，不退还已征的教育费附加。

（3）对机关服务中心为机关内部提供的后勤服务所取得的收入，在 2005 年 12 月 31 日前，暂免征收教育费附加。

88 教育费附加如何计算？

应纳教育费附加＝实纳增值税、消费税税额 × 征收比率

[案例分析]

德尔康公司是一家地处市区的烟草生产企业，2017 年 11 月份实际缴纳增值税 20 万元，缴纳消费税 30 万元。计算该企业本月应缴纳的教育费附加。

分析与计算：

本月应缴纳的教育费附加金额＝应纳教育费附加＝实纳增值税、消费税税额 × 征收比率

＝（20+30）×3% ＝ 1.50（万元）

89 教育费附加的纳税申报表如何填报？

教育费附加纳税申报表的填报如表 4-2 所示。

表 4-2 教育费附加的纳税申报表

开户银行：
账号：
单位：元（列至角分）

所属时期：

税务代码：			缴纳人名称				
地址：			经济类型	有限	预算级次		县级
计征依据	计征金额	附加率	应征额	已缴额			应缴（退）额
增值税							—
消费税							
合计							
如缴纳人填报由缴纳人填写如下各栏			如委托代理人填报由代理人填写以下各栏				备注
缴纳人 （签章）	经办人 （签章）	会计主管 （签章）	代理人名称		代理人 （签章）		
			地址				
			电话				
			经办人				
以下由税务机关填写							
收到申报表日期		接收人（签章）			地方税务机关（签章）		

注：本表共三联，一联纳税人留存，一联税务会计核算，一联主管地税机关存档。

第五章 企业所得税

[本章导读]

概括地讲，企业所得税是以企业当年的利润为征收对象的一种税收，在计算应纳税额时需要先确定纳税期内的总收入，然后按照税法的要求检出各项成本与费用，就这个余额按照一定的比例缴纳税款。

在本章的学习之中，我们将重点学习以下几个方面的内容。

第一，企业所得税是一种针对什么收入征纳的税？

第二，哪些人需要缴纳企业所得税？

第三，企业所得税税率有多高？

第四，企业所得税的计税依据如何确认？

第五，计算企业所得税时，对资产如何进行税务处理？

第六，如何计算企业所得税的应纳税额？

第七，企业所得税有哪些优惠政策？

第八，如何办理企业所得税的申报与缴纳？

90 什么是企业所得税？

企业所得税是以各类组织取得的**生产经营所得**和**其他所得**为征税对象所征收的一种税，在 2008 年 1 月 1 日以前，我国的企业所得税采用了内外分开、分别管理的原则，即内资企业适用企业所得税，外资企业适用外商投资企业和外国企业所得税。这两种税构成了统一的企业所得税，两种所得税在计税原理上基本相同，但是税率、税收优惠等方面具有一定的差别。

91 企业所得税有什么特点？

（1）**纳税人的构成**将更为复杂。《企业所得税法》规定，企业所得税的纳税人既包括企业，又包括取得收入的其他经济组织；既包括内资企业，又包括外资企业，纳税人的构成将非常复杂。

（2）**计税依据**为应纳税所得额。企业所得税的计税依据，是纳税人的收入总额扣除各项成本、费用、税金、损失等支出后的净所得额，它既不等于企业实现的会计利润额，也不是企业的增值额，更非销售额或营业额。

（3）应纳税所得额的**计算**较为复杂。

（4）征税以**量能负担**为原则，即所得多、负担能力大的，多纳税；所得少、负担能力小的，少纳税；无所得、没有负担能力的，不纳税。

（5）实行按年计征、分期预缴的**征收管理办法**。

92 企业所得税的纳税人有哪些？

在中华人民共和国境内，企业和其他取得收入的组织（为了论述的方便，以下统称为企业）为企业所得税的纳税人，依照本法的规定缴纳企业所得税。个人独资企业、合伙企业不适用本法。

93 企业所得税的居民企业纳税人和非居民企业纳税人有什么区别？

由于企业所得税的纳税人既包括在我国境内设立机构的企业，也包括在我国境内不设立机构，但是又从我国境内取得收入的企业，这就要求进行居民企业纳税人和非居民企业纳税人的划分。两种不同类型的纳税人，针对不同来源的收入，其所应该承担的纳税义务是不同的。

居民企业纳税人，是指依法在中国境内成立，或者依照外国（地区）法律成立但实际管理机构在中国境内的企业。从以上的规定我们可以看出，居民企业纳税人主要包括以下的两类：

（1）依法在中国境内设立的企业；

（2）依照外国（地区）法律成立但实际管理机构在中国境内的企业。

非居民企业纳税人，是指依照外国（地区）法律成立且实际管理机构不在中国境内，但在中国境内设立机构、场所的，或者在中国境内未设立机构、场所，但有来源于中国境内所得的企业。从以上的规定我们可以看出，非居民企业纳税人主要包括以下的两类：

（1）依照外国（地区）法律成立，而且实际管理机构不在中国境内，但在中国境内设立机构、场所的；

（2）在中国境内未设立机构、场所，但有来源于中国境内所得的企业。

实际管理机构，是指对企业的生产经营、人员、账务、财产等实施实质性全面管理和控制的机构。

94 居民企业和非居民企业纳税义务有什么不同？

居民企业应当就其来源于中国境内、境外的所得缴纳企业所得税。

非居民企业在中国境内设立机构、场所的，应当就其所设机构、场所取得的来源于中国境内的所得，以及发生在中国境外但与其所设机构、场所有实际联系的所得，缴纳企业所得税。

非居民企业在中国境内未设立机构、场所的，或者虽设立机构、场所但取得的所得与其所设机构、场所没有实际联系的，应当就其来源于中国境内的所得缴纳企业所得税。

在这里的实际联系是指非居民企业在中国境内设立的机构、场所拥有据以取得所得的股权、债权，以及拥有、管理、控制据以取得所得的财产等。

95 中国境内、境外的所得的划分依据是什么？

《企业所得税法实施条例》第七条规定，来源于中国境内、境外的所得，按照以下原则确定：

（1）销售货物所得，按照交易活动发生地确定；

（2）提供劳务所得，按照劳务发生地确定；

（3）转让财产所得，不动产转让所得按照不动产所在地确定，动产转让所得按照转让动产的企业或者机构、场所所在地确定，权益性投资资产转让所得按照被投资企业所在地确定；

（4）股息、红利等权益性投资所得，按照分配所得的企业所在地确定；

（5）利息所得、租金所得、特许权使用费所得，按照负担、支付所得的企业或者机构、场所所在地确定，或者按照负担、支付所得的个人的住所地确定；

（6）其他所得，由国务院财政、税务主管部门确定。

96 企业所得税的征税范围是什么？

《企业所得税法》规定，企业以货币形式和非货币形式从各种来源取得的收入，为收入总额。包括：

（1）销售货物收入；

（2）提供劳务收入；

（3）转让财产收入；

（4）股息、红利等权益性投资收益；

（5）利息收入；

（6）租金收入；

（7）特许权使用费收入；

（8）接受捐赠收入；

（9）其他收入。

依据《企业所得税法》规定，收入总额中的下列收入为不征税收入：

（1）财政拨款；

（2）依法收取并纳入财政管理的行政事业性收费、政府性基金；

（3）国务院规定的其他不征税收入。

另外，企业在清算结算的时候，往往会产生清算所得。所谓清算所得是指企业的全部资产可变现价值或者交易价格减除资产净值、清算费用以及相关税费等后的余额。**清算所得**也属于企业所得税的征税范围。

(97) 企业所得税的税率有什么规定？

当前企业所得税的税率**统一**为 25%。但在三种情况下，可以享受到 20%、15% 的**优惠税率**。

第一种情况是，非居民企业在中国境内未设立机构、场所的，或者虽设立机构、场所但取得的所得与其所设机构、场所没有实际联系的，应当就其来源于中国境内的所得缴纳企业所得税，适用税率为 20%。

第二种情况是，对于符合一定条件的微利小型企业，采用 20% 优惠税率的规定，这些我们将在税收优惠部分进行详细的讲解。

第三种情况是，对于国家需要重点扶持的高新技术企业，减按 15% 的税率征收企业所得税。

因此，我国企业所得额税执行的是 25% 的统一税率，并辅以 20%、15% 优惠税率的政策。

98 企业所得税的应纳税所得额如何计算？

应纳税所得额是企业所得税的计税依据，按照企业所得税法的规定，应纳税所得额为企业每一个纳税年度的收入总额，减除不征税收入、免税收入、各项扣除，以及允许弥补的以前年度亏损后的余额。

应纳税所得额的基本计算公式为：

应纳税所得额＝收入总额－不征税收入－免税收入－各项扣除－以前年度亏损

企业应纳税所得额的计算以权责发生制为原则，属于当期的收入和费用，不论款项是否收付，均作为当期的收入和费用；不属于当期的收入和费用，即使款项已经在当期收付，均不作为当期的收入和费用。

99 企业所得税计算中收入总额如何确认？

企业的收入总额包括以**货币形式**和**非货币形式**从各种来源取得了的收入，具体有销售货物收入、提供劳务收入、转让财产收入、股息、红利等权益性投资收益，以及利息收入、租金收入、特许权使用费收入、接受捐赠收入、其他收入。

企业取得收入的货币形式，包括现金、存款、应收账款、应收票据、准备持有至到期的债券投资以及债务的豁免等。纳税人以非货币形式取得的收入，包括固定资产、生物资产、无形资产、股权投资、存货、不准备持有至到期的债券投资、劳务以及有关权益等，这些非货币资产应当按照公允价值确定收入额，公允价值是指按照市场价格确定的价值。收入的具体构成为以下内容。

（一）一般收入的确认

（1）**销售货物收入**。是指企业销售商品、产品、原材料、包装物、低值易耗品以及其他存货取得的收入。

（2）**劳务收入**。是指企业从事建筑安装、修理修配、交通运输、仓储租赁、金融保险、邮电通信、咨询经纪、文化体育、科学研究、技术服务、教育培训、餐饮住宿、中介代理、卫生保健、社区服务、旅游、娱乐、加工以及其他劳务服务活动取得的收入。

（3）**财产转让收入**。是指企业转让固定资产、生物资产、无形资产、股权、债权等财产取得的收入。

（4）股息、红利等**权益性投资收益**。是指企业因权益性投资从被投资方取得的收入。股息、红利等权益性投资收益，除国务院财政、税务主管部门另有规定外，按照被投资方做出利润分配决定的日期确认收入的实现。

（5）**利息收入**。是指企业将资金提供他人使用但不构成权益性投资，或者因他人占用企业资金取得的收入，包括存款利息、贷款利息、债券利息、欠款利息等收入。利息收入，按照合同约定的债务人应付利息的日期确认收入的实现。

（6）**租金收入**。是指企业提供固定资产、包装物或者及其他有形财产人使用权取得的收入。租金收入，按照合同约定的承租人应付租金的日期确认收入的实现。

（7）**特许权使用费收入**。是指企业提供专利权、非专利技术、商标权、著作权以及其他特许权的使用权而取得的收入。特许权使用费收入，按照合同约定的特许权使用人应付特许权使用费的日期确认收入的实现。

（8）**接受捐赠收入**。是指企业接受的来自其他企业、组织或者个人无偿给予的货币性资产、非货币性资产。接受捐赠收入，按照实际收到的捐赠资产的日期确认收入的实现。

（9）**其他收入**。是指企业取得的除以上收入外的其他收入，包括企业资产溢余收入、逾期未退包装物押金收入、确实无法偿付的应付款项、已做坏账损失处理后又收回的应收款项、债务重组收入、补贴收入、违约金收入、汇兑收益等。

（二）特殊收入的确认

（1）以分期收款方式销售货物的，按照合同约定的收款日期确认收入的实现。

（2）企业受托加工制造大型机械设备、船舶、飞机，以及从事建筑、安装、装配工程业务或者提供其他劳务等，持续时间超过 12 个月的，按照纳税年度内完工进度或者完成的工作量确认收入的实现。

（3）采取产品分成方式取得收入的，按照企业分得产品的日期确认收入的实现，其收入额按照产品的公允价值确定。

（4）企业发生非货币性资产交换，以及将货物、财产、劳务用于捐赠、偿债、赞助、集资、广告、样品、职工福利或者利润分配等用途的，应当视同销售货物、转让财产或者提供劳务，但国务院财政、税务主管部门另有规定的除外。

⑩⑩ 有哪些收入是不征或免征企业所得税的？

国家为了扶持和鼓励某些特殊的纳税人和特定的项目，或者避免因征税影响企业的正常经营，对企业取得的某些收入予以不征税或免税的特殊政策，以减轻企业的负担，促进经济的协调发展。或准予抵扣应纳税所得额，或者是对专项用途的资金作为非税收入处理，减轻企业的税负，增加企业可用资金。

（一）不征税收入

（1）财政拨款。是指各级人民政府对纳入预算管理的事业单位、社会团体等组织拨付的财政资金，但国务院和国务院财政、税务主管部门另有规定的除外。

（2）依法收取并纳入财政管理的行政事业性收费、政府性基金，是指依照法律法规等有关规定，按照国务院规定程序批准，在实施社会公共管理，以及在向公民、法人或者其他组织提供特定公共服务过程中，向特定对象收取并纳入财政管理的费用。政府性基金，是指企业依照法律、行政法规等有关规定，代政府收取的具有专项用途的财政资金。

（3）国务院规定的其他不征税收入，是指企业取得的，由国务院财政、税务主管部门规定专项用途并经国务院批准的财政性资金。

（二）免税收入

（1）国债利息收入。为鼓励企业积极购买国债，支援国家建设项目，税法规定，企业因购买国债所得的利息收入，免征企业所得税。

（2）符合条件的居民企业之间的股息、红利等权益性收益。是指导居民企业直接投资于其他居民企业取得的投资收益。

（3）在中国境内设立机构、场所的非居民企业从居民企业取得与该机构、场所有实际联系的股息、红利等权益性投资收益。该收益都不包括连续持有居民企业公开发行并上市流通的股票不足 12 个月取得的投资收益。

（4）符合条件的非营利组织的收入。符合条件的非营利组织是指：

① 依法履行非营利组织登记手续；

② 从事公益性或者非营利性活动；

③ 取得的收入除用于与该组织有关的、合理的支出外，全部用于登记核定或者章程规定的公益性或者非营利性事业；

④ 财产及其孳生息不用于分配；

⑤ 按照登记核定或者章程规定，该组织注销后的剩余财产用于公益性或者非营利性目的，或者由登记管理机关转赠给予该组织性质、宗旨相同的组织，并向社会公告；

⑥ 投入人对投入该组织的财产不保留或者享有任何财产权利；

⑦ 工作人员工资福利开支控制在规定的比例内，不变相分配该组织的财产；

⑧ 国务院财政、税务主管部门规定的其他条件。

企业所得税法第 26 条第四项所称符合条件的非营利组织的收入，不包括非营利组织从事营利性活动取得的收入，但国务院财政、税务主管部门另有规定的除外。

(101) 企业所得税税前扣除有什么原则？

企业申报的扣除项目和金额要真实、合法。所谓真实是指能提供证明有关支出确属已经实际发生；合法是指符合国家税法的规定，若其他法规规定与税收法规规定不一致，应以税收法规的规定为标准。除税收法规另有规定外，税前扣除一般应遵循以下原则。

（1）**权责发生制原则**。是指企业费用应在发生的所属期扣除，而不是在实际支付时确认扣除。

（2）**配比原则**。是指企业发生的费用应当与收入配比扣除。除特殊规定外，企业发生的费用不得提前或滞后申报扣除。

（3）**相关性原则**。企业可扣除的费用从性质和根源上必须与取得应税收入直接相关。

（4）**确定性原则**。即企业可扣除的费用不论何时支付，其金额必须是确定的。

（5）**合理性原则**。符合生产经营活动常规，应当计入当期损益或者有关资产成本的必要和正常的支出。

⑩ 企业所得税扣除项目的范围是什么？

企业所得税法规定，企业实际发生的与取得收入有关的、合理的支出，包括成本、费用、税金、损失其他支出，准予在计算应纳税所得额时扣除。

在实际中，计算应纳税所得额时还应注意三方面的内容。

（1）企业发生的支出当区分收益性支出和资本性支出。收益性支出在发生当期直接扣除；资本性支出应当分期扣除或者计入有关资产成本，不得在发生当期直接扣除。

（2）企业的不征税收入用于支出所形成的费用或者财产，不得扣除或者计算对应的折旧、摊销扣除。

（3）除企业所得税法和本条例另有规定外，企业实际发生的成本、费用、税金、损失和其他支出，不得重复扣除。

① **成本**。是指企业在生产经营活动中发生的销售成本、销货成本、业务支出，以及其他耗费，即企业销售商品（产品、材料、下脚料、废料、废旧物资等）、提供劳务、转让固定资产、无形资产（包括技术转让）的成本。

企业必须将经营活动中发生的成本合理划分为直接成本和间接成本。直接成本是指可直接计入有关成本计算对象或劳务的经营成本中的直接材料、直接人工等。间接成本是指多个部门为同一成本对象提供服务的共同成本，或者同一种投入可以制造、提供两种或两种以上的产品或劳务的联合成本。

直接成本可根据有关会计凭证、记录直接计入有关成本计算对象或劳务的经营成本中。间接成本必须根据与成本计算对象之间的因果关系、成本计算对象的产量等，以合理的方法分配计入有关成本计算对象中。

② **费用**。是指企业每一个纳税年度为生产、经营商品和提供劳务等所发生的销售（经营）费用、管理费用和财务费用。已计入成本的有关费用除外。

销售费用是指应由企业负担的为销售商品而发生的费用，包括广告费、运输费、装卸费、包装费、展览费、保险费、销售佣金（能直接认定的进口佣金调整商品进价成本）、代销手续费、经营性租赁费及销售部门发生的差旅费、工资、福利费等费用。

管理费用是指企业的行政管理部门为管理组织经营活动提供各项支援性服务而发生的费用。

财务费用是指企业筹集经营性资金而发生的费用，包括利息净支出、汇兑净损失、金融机构手续费以及其他非资本化支出。

③ **税金**。是指企业发生的除企业所得税和允许抵扣的增值税以外的企

业缴纳的各项税金及其附加，即企业按规定缴纳的消费税、城市维护建设税、关税、资源税、土地增值税、房产税、车船税、土地使用税、印花税、教育费附加等产品销售税金及附加。这些已纳税金准予税前扣除。准许扣除的税金有两种方式：一是在发生当期扣除；二是在发生当期计入相关资产的成本，在以后各期分摊扣除。

④ **损失**。是指企业在生产经营活动中发生的固定资产和存货的盘亏、毁损、报废损失，转让财产损失，呆账损失，坏账损失，自然灾害等不可抗力因素造成的损失以及其他损失。

企业发生的损失减除责任人赔偿和保险赔款后的余额，依照国务院财政、税务主管部门的规定扣除。

企业已经作为损失处理的资产，在以后纳税年度又全部收回或者部分收回时，应当计入当期收入。

⑤ **扣除的其他支出**。是指除成本、费用、税金、损失外，企业在生产经营活动中发生的与生产经营活动有关的、合理的支出。

103 在计算应纳税所得额时，哪些项目可按照实际发生额或规定的标准扣除？

（1）工资、薪金支出

企业发生的合理的工资、薪金支出准予据实扣除。工资、薪金支出是企业每一纳税年度支付给在本企业任职或与其有雇佣关系的员工的所有现金或非现金形式的劳动报酬，包括基本工资、奖金、津贴、补贴、年终加薪、加班工资，以及与任职或者受雇有关的其他支出。

（2）职工福利费、工会经费、职工教育经费

企业发生的职工福利费、工会经费、职工教育经费按标准扣除，未超过标准的按实际数扣除，超过标准的只能按标准扣除。

①企业发生的职工福利费支出，不超过工资薪金总额 14% 的部分准予扣除。

②企业拨缴的工会经费，不超过工资薪金总额 2% 的部分准予扣除。

③除国务院财政、税务主管部门另有规定外，企业发生的职工教育经费支出，不超过工资薪金总额 2.5% 的部分准予扣除，超过部分准予结转以后纳税年度扣除。

（3）社会保险费

①企业依照国务院有关主管部门或者省级人民政府规定的范围和标准为职工缴纳的"五险一金"，即基本养老保险费、基本医疗保险费、失业保险费、工伤保险费、生育保险费等基本社会保险费和住房公积金，准予扣除。

②企业为投资者或者职工支付的补充养老保险费、补充医疗保险费，在国务院财政、税务主管部门规定的范围和标准内，准予扣除。企业依照国家有关规定为特殊工种职工支付的人身安全保险费和符合国务院财政、税务主管部门规定可以扣除的商业保险费准予扣除。

③企业参加财产保险，按照规定缴纳的保险费，准予扣除。企业为投资者或者职工支付的商业保险费，不得扣除。

（4）利息费用

企业在生产、经营活动中发生的利息费用，按下列规定扣除。

①非金融企业向金融机构借款的利息支出、金融企业的各项存款利息支出和同业拆借利息支出、企业经批准发生债券的利息支出可据实扣除。

②非金融企业向非金融机构借款的利息支出，不超过按照金融企业同期同类贷款利率计算的数额的部分可据实扣除，超过部分不许扣除。

（5）借款费用

①企业在生产经营活动中发生的合理的不需要资本化的借款费用，准予扣除。

②企业为购置、建造固定资产、无形资产和经过 12 个月以上的建造才能达到预定可销售状态的存货发生的借款的，在有关资产购置、建造期间发生的合理的借款费用，应予以资本化，作为资本性支出计入有关资产的成本；有关资产交付使用后发生的借款利息，可在发生当期扣除。

（6）汇兑损失

企业在货币交易中，以及纳税年度终了时将人民币以外的货币性资产、负债按照期末即期人民币汇率中间价折算为人民币时产生的汇兑损失，除已经计入有关资产成本以及与向所有者进行利润分配相关的部分外，准予扣除。

（7）业务招待费

企业发生的与其生产、经营业务有关的业务招待费支出，按照发生额的 60% 扣除，但最高不得超过当年销售（营业）收入的 5‰。

（8）广告费和业务宣传费

企业发生的符合条件的广告费和业务宣传费支出，除国务院财政、税务主管部门另有规定外，不超过当年销售（营业）收入 15% 的部分，准予扣除；超过部分，准予结转以后纳税年度扣除。

企业申报扣除的广告费支出应与赞助支出严格区分。企业申报扣除的广告费支出，必须符合下列条件：广告是通过工商部门批准的专门机构制作的；已实际支付费用，并已取得相应发票；通过一定的媒体传播。

（9）**环境保护专项资金**

企业依照法律、行政法规有关规定提取的用于环境保护、生态恢复等方面的专项资金，准予扣除。上述专项资金提取后改变用途的，不得扣除。

（10）**保险费**

企业参加财产保险，按照规定缴纳的保险费，准予扣除。

（11）**租赁费**

企业根据生产经营需要租入固定资产支付的租赁费，按照以下方法扣除。

①以经营租赁方式租入固定资产发生的租赁费支出，按照租赁期限均匀扣除。经营性租赁是指所有权不转移的租赁。

②以融资租赁方式租入固定资产发生的租赁费支出，按照规定构成融资租入固定资产价值的部分应当提取折旧费用，分期扣除。融资租赁是指在实质上转移与一项资产所有权有关的全部风险和报酬的一种租赁。

（12）**劳动保护费**

企业发生的合理的劳动保护支出，准予扣除。

（13）**公益性捐赠支出**

公益性捐赠，是指企业通过公益性社会团体或者县级以上人民政府及其部门，用于《中华人民共和国公益事业捐赠法》内定的公益事业的捐赠。

企业发生的公益性捐赠支出，不超过年度利润总额 12% 的部分，准予扣除。年度利润总额，是指企业依照国家统一会计制度的规定计算的年度会计利润。

公益性社会团体，是指同时符合下列条件的基金会、慈善组织等社会团体：

①依法登记，具有法人资格；

②以发展公益事业为宗旨，且不以营利为目的；

③全部资产及其增值为该法人所有；

④收益和劳动结余主要用于符合该法人设立目的的事业；

⑤终止后的剩余财产不归属任何个人或者营利组织；

⑥不经营与其设立目的无关的业务；

⑦有健全的财务会计制度；

⑧捐赠者不以任何形式参与社会团体财产的分配；

⑨国务院财政、税务主管部门会同国务院民政部门等登记管理部门规定的其他条件。

（14）有关资产的费用

企业转让各类固定资产发生的费用，允许扣除。企业按规定计算的固定资产折旧费、无形资产和递延资产的摊销费，准予扣除。

（15）总机构分摊的费用

非居民企业在中国境内设立的机构、场所，就其中国境外总机构发生的与该机构、场所生产经营有关的费用，能够提供总机构出具的费用汇集范围、定额、分配依据和方法等证明文件，并合理分摊的，准予扣除。

（16）资产损失

企业当期发生的固定资产和流动资产盘亏、毁损净损失，由其提供清查盘存资料经主管税务机关审核后，准予扣除；企业因存货盘亏、毁损、报废等原因不得从销项税金中抵扣的进项税金，应视同企业财产损失，准予与存货损失一起在所得税前按规定扣除。

（17）依照有关法律、行政法规和国家有关税法规定准予扣除的**其他**项目。如会员费、合理的会议费、差旅费、违约金、诉讼费等。

104 在计算应纳税所得额时，哪些项目不得扣除？

（1）向投资者支付的股息、红利等权益性投资收益款项。

（2）企业所得税税款。

（3）税收滞纳金，是指纳税人违反税收法规，被税务机关处以的滞纳金。

（4）罚金、罚款和被没收财物的损失，是指纳税人违反国家有关法律、法规规定，被有关部门处以的罚款，以及被司法机关处以的罚金和被没收财物。

（5）超过规定标准的捐赠支出。

（6）赞助支出，是指企业发生的与生产经营活动无关的各种非广告性质支出。

（7）未经核定的准备金支出，是指不符合国务院财政、税务主管部门规定的各项资产减值准备、风险准备等准备金支出。

（8）企业之间支付的管理费、企业内营业机构之间支付的租金和特许权使用费，以及非银行企业内营业机构之间支付的利息，不得扣除。

（9）与取得收入无关的其他支出。

105 什么是亏损弥补？

亏损是指企业依照企业所得税法和暂行条例的规定，将每一纳税年度的收入总额减除不征税收入、免税收入和各项扣除后小于零的数额。税法规定，企业某一纳税年度发生的亏损可以用下一年度的所得弥补，下一年度的所得不足以弥补的，可以逐年延续弥补，但最长不得超过五年。而且，企业在汇总计算缴纳企业所得税时，其境外营业机构的亏损不得抵减境内营业机构的盈利。

(106) 在计算企业所得税时，固定资产如何做税务处理？

固定资产是指企业为生产产品、提供劳务、出租或者经营管理而持有的、使用期限超过 12 个月的非货币性资产，包括房屋、建筑物、机器、机械、运输工具，以及其他与生产经营活动有关的设备、器具、工具等。

（一）固定资产计税基础

（1）外购的固定资产，以购买价款和支付的相关税费以及直接归属于使该资产达到预定用途发生的其他支出为计税基础。

（2）自行建造的固定资产，以竣工结算前发生的支出为计税基础。

（3）融资租入的固定资产，以租赁合同约定的付款总额和承租人在签订租赁合同过程中发生的相关费用为计税基础，租赁合同未约定付款总额的，以该资产的公允价值和承租人在签订租赁合同过程中发生的相关费用为计税基础。

（4）盘盈的固定资产，以同类固定资产的重置完全价值为计税基础。

（5）通过捐赠、投资、非货币性资产交换、债务重组等方式取得的固定资产，以该资产的公允价值和支付的相关剩余为计税基础。

（6）改建的固定资产，除已足额提取折旧的固定资产和租入的固定资产以外的其他固定资产，以改建过程中发生的改建支出增加计税基础。

（二）固定资产折旧的范围

在计算应纳税所得额时，企业按照规定计算的固定资产折旧，准予扣除。下列固定资产不得计算折旧扣除：

（1）房屋、建筑物以外未投入使用的固定资产；

（2）以经营租赁方式租入的固定资产；

（3）以融资租赁方式租出的固定资产；

（4）已提足折旧继续使用的固定资产；

（5）与经营活动无关的固定资产；

（6）单独估价作为固定资产入账的土地；

（7）其他不得计提折旧扣除的固定资产。

（三）固定资产折旧的计提方法

（1）企业应当自固定资产投入使用月份的次月起计提折旧；停止使用的固定资产，应当从停止使用月份的次月起停止计提折旧。

（2）企业应当根据固定资产的性质和使用情况，合理确定固定资产的预计净残值。固定资产的预计净残值一经确定，不得变更。

（3）固定资产按照直线法计算的折旧，准予扣除。

（四）固定资产折旧的计提年限

除国务院财政、税务主管部门另有规定外，固定资产计算折旧的最低年限如下：

（1）房屋、建筑物，为20年；

（2）飞机、火车、轮船、机器、机械和其他生产设备，为10年；

（3）与生产经营活动有关的器具、工具、家具等，为五年；

（4）飞机、火车、轮船以外的运输工具，为四年；

（5）电子设备，为三年。

从事开采石油、天然气等矿产资源的企业，在开始商业性生产前发生的费用和有关固定资产的折耗、折旧方法，由国务院财政、税务主管部门另行规定。

(107) 在计算企业所得税时，生物资产如何做税务处理？

生物资产是指有生命的动物和植物。生物资产分为消耗性生物资产、生产性生物资产和公益性生物资产。**消耗性生物资产**，是指为出售而持有的，或在将来收获为农产品的生物资产，包括生长中的农田作物、蔬菜、用材林以及存栏待售的牲畜等。**生产性生物资产**，是指为产出农产品、提供劳务或出租等目的而持有的生物资产，包括经济林、薪炭林、产畜和役畜等。**公益性生物资产**，是指以防护、环境保护为主要目的的生物资产，包括防风固沙林、水土保持林和水源涵养林等。

（一）生物资产的计税基础

生产性生物资产按照以下方法确定计税基础：

（1）外购的生产性生物资产，以购买价款和支付的相关税费为计税基础；

（2）通过捐赠、投资、非货币性资产交换、债务重组等方式取得的生产性生物资产，以该资产的公允价值和支付的相关税费为计税基础。

（二）生物资产的折旧方法和折旧年限

生产性生物资产按照直线法计算的折旧，准予扣除。企业应当自生产性生物资产投入使用月份的次月起计算折旧；停止使用的生产性生物资产应当自停止使用月份的次月起停止计算折旧。

企业应当根据生产性生物资产的性质和使用情况，合理确定生产性生物资产的预计净残值。生产性生物资产的预计净残值一经确定，不得变更。

生产性生物资产计算折旧的最低年限如下：

（1）林木类生产性生物资产，为 10 年；

（2）畜类生产性生物资产，为三年。

108 在计算企业所得税时，无形资产如何做税务处理？

无形资产是指企业长期使用、但没有实物形态的资产，包括专利权、商标权、著作权、土地使用权、非专利技术、商誉等。

（一）无形资产的计税基础

无形资产按照以下方法确定计税基础：

（1）外购的无形资产，以购买价款和支付的相关税费，以及直接归属于使该资产达到预定用途发生的其他支出为计税基础；

（2）自行开发的无形资产，以开发过程中该资产符合资本化条件后至达到预定用途前发生的支出为计税基础；

（3）通过捐赠、投资、非货币性资产交换、债务重组等方式取得的无形资产，以该资产的公允价值和支付的相关税费为计算基础。

（二）无形资产摊销的范围

在计算应纳税所得额时，企业按照规定计算的无形资产摊销费用，准予扣除。下列无形资产不得计算摊销费用扣除：

（1）自行开发的支出已在计算应纳税所得额时扣除的无形资产；

（2）自创商誉；

（3）与经营活动无关的无形资产；

（4）其他不得计算摊销费用扣除的无形资产。

（三）无形资产的摊销方法及年限

无形资产的摊销采取直线法计算。无形资产的摊销年限不得低于 10 年。作为投资或者受让的无形资产，有关法律规定或者合同约定了使用年限的，可以按照规定或者约定的使用年限分期摊销。外购商誉的支出，在企业整体转让或者清算时准予扣除。

(109) 在计算企业所得税时，长期待摊费用如何做税务处理？

长期待摊费用，是指企业发生的应一个年度以上或几个年度进行摊销的费用。在计算应纳税所得额时，企业发生的下列支出作为长期待摊费用，按照规定摊销的，准予扣除。

（1）已足额提取折旧的固定资产的改建支出。

（2）租入固定资产的改建支出。

（3）固定资产的大修理支出。

（4）其他应当作为长期待摊费用的支出。

企业的固定资产修理支出可在发生当期直接扣除。企业的固定资产改良支出，如果有关固定资产尚未提足折旧，可**增加**固定资产价值；如有关固定资产已提足折旧，可作为长期待摊费用，在规定的期间内**平均摊销**。

固定资产的改建支出，是指改变房屋或者建筑物结构、延长使用年限等发生的支出。已足额提取折旧的固定资产的改建支出，按照固定资产预计尚可使用年限分期摊销；租入固定资产的改建支出，按照合同约定的剩余租赁期限分期摊销；改建的固定资产延长使用年限的，除已足额提取折旧的固定资产、租入固定资产的改建支出外，其他的固定资产发生改建支出，应当适当延长折旧年限。

大修理支出，按照固定资产尚可使用年限分期摊销。

企业所得税法所指固定资产的大修理支出，是指同时符合下列条件的支出：

（1）修理支出达到取得固定资产时的计税基础 50% 以上；

（2）修理后固定资产的使用年限延长两年以上；

其他应当作为长期待摊费用的支出，自支出发生月份的次月起，分期摊销，摊销年限不得低于三年。

⑩ 在计算企业所得税时，存货如何做税务处理？

存货，是指企业持有以备出售的产品或者商品、处在生产过程中的在产品、在生产或者提供劳务过程中耗用的材料和物料等。

（一）存货的计税基础

存货按照以下方法确定成本：

（1）通过支付现金方式取得的存货，以购买价款和支付的相关税费为成本；

（2）通过支付现金以外的方式取得的存货，以该存货的公允价值和支付的相关税费为成本；

（3）生产性生物资产收获的农产品，以产出或者采收过程中发生的材料费、人工费和分摊的间接费用等必要支出为成本。

（二）存货的成本计算方法

企业使用或者销售的存货的成本计算方法，可以在先进先出法、加权平均法、个别计价法中选用一种。计价方法一经选用，不得随意变更。

企业转让以上资产，在计算企业应纳税所得额时，资产的净值允许扣除。其中，资产的净值是指有关资产、财产的计税基础减除已经按照规定扣除的折旧、折耗、摊销、准备金等后的余额。

除国务院财政、税务主管部门另有规定外，企业在重组过程中，应当在交易发生时确认有关资产的转让所得或者损失，相关资产应当按照交易价格重新确定计税基础。

⑪ 在计算企业所得税时，投资资产如何做税务处理？

投资资产，是指企业对外进行权益性投资和债权性投资而形成的资产。

（一）投资资产的成本

投资资产按以下方法确定投资成本：

（1）通过支付现金方式取得的投资资产，以购买价款为成本；

（2）通过支付现金以外的方式取得的投资资产，以该资产的公允价值和支付的相关税费为成本。

（二）投资资产成本的扣除方法

企业对外投资期间，投资资产的成本在计算应纳税所得额时不得扣除，企业在转让或者处置投资资产时，投资资产的成本准予扣除。

(112) 税法规定与会计规定存在差异时如何处理？

税法规定与会计规定差异的处理，是指企业在财务会计核算中与税法规定不一致的，应当依照税法规定予以调整。即企业在平时进行会计核算时，可以按会计制度的有关规定进行账务处理，但在申报纳税时，对税法规定和会计制度规定有差异的，要按税法规定进行纳税调整。

（1）企业不能提供完整、准确的收入及成本、费用凭证，不能正确计算应纳税所得额的，**由税务机关**核定其应纳税所得额。

（2）企业依法清算时，以其清算终了后的**清算所得**为应纳税所得额，按规定缴纳企业所得税。所谓清算所得，是指企业清算时的全部资产或者财产扣除各项清算费用、损失、负债、企业未分配利润、公益金和公积金后的余额，超过实缴资本的部分。

（3）企业应纳税所得额是根据**税收法规**计算出来的，它在数额上与依据财务会计制度计算的利润总额往往不一致。因此，税法规定：对企业按照有关财务会计规定计算的利润总额，要按照税法的规定进行必要调整后，才能作为应纳税所得额计算缴纳所得税。

⑬ 居民企业应纳税额如何计算？

居民企业应纳税额等于应纳税所得额乘以适用税率，基本计算公式为：

居民企业应纳税额＝应纳税所得额 × 适用税率－减免税额－抵免税额

根据计算公式可以看出，居民企业应纳税额的多少，取决于应纳税所得额和适用税率两个因素。在实际过程中，应纳税所得额的计算一般有两种方法。

（1）直接计算法

在直接计算法下，居民企业每一纳税年度的收入总额减除不征税收入、免税收入、各项扣除以及允许弥补的以前年度亏损后的余额为应纳税所得额。计算公式与前述相同，即为：

应纳税所得额＝收入总额－不征税收入－免税收入－各项扣除金额－弥补亏损

（2）间接计算法

在间接计算法下，是在会计利润总额的基础上加或减按照税法规定调整的项目金额后，即为应纳税所得额。计算公式为：

应纳税所得额＝会计利润总额 ± 纳税调整项目金额

税收调整项目金额包括两方面的内容：一是企业的财务会计处理和税收规定不一致的应予以调整的金额；二是企业按税法规定准予扣除的税收金额。

[案例分析]

假定某企业为居民企业，2017 年经营业务如下：

（1）取得销售收入 2500 万元；

（2）销售成本 1100 万元；

（3）发生销售费用 670 万元（其中广告费 450 万元）、管理费用 480 万元（其中业务招待费 15 万元）、财务费用 60 万元；

（4）销售税金 160 万元（含增值税 120 万元）；

（5）营业外收入 70 万元，营业外支出 50 万元（含通过公益性社会团体向贫困山区捐款 30 万元，支付税收滞纳金 6 万元）；

（6）计入成本、费用中的实发工资总额 150 万元、拨缴职工工会经费 3 万元、支出职工福利费和职工教育经费 29 万元。

要求：计算该企业 2008 年度实际应纳的企业所得税。

（1）会计利润总额 = 2500 + 70 - 1100 - 670 - 480 - 60 - 40 - 50 = 170（万元）

（2）广告费和业务宣传费调增所得额 = 450 - 2500×15% = 450 - 375 = 75（万元）

（3）业务招待费调增所得额 = 15 - 15×60% = 15 - 9 = 6（万元）
2500×5‰ = 12.5（万元）>15×60% = 9（万元）

（4）捐赠支出应调增所得额 = 30 - 170×12% = 9.6（万元）

（5）"三费"应调增所得额 = 3 + 29 - 150×18.5% = 4.25（万元）

（6）应纳税所得额 = 170 + 75 + 6 + 9.6 + 6 + 4.25 = 270.85（万元）

（7）2017 年应缴企业所得税 = 270.85×25% = 67.7125（万元）

[案例分析]

某工业企业为居民企业，假定 2017 年经营业务如下所示。

产品销售收入为 560 万元，产品销售成本 400 万元；其他业务收入 80 万元，其他业务成本 66 万元；固定资产出租收入 6 万元；非增值税销售税金及附加 32.4 万元；当期发生的管理费用 86 万元，其中新技术的研究开发费用为 30 万元；财务费用 20 万元；权益性投资收益 34 万元（已在投资方所在地按 15% 的税率缴纳了所得税）；营业外收入 10 万元，营业外支出 25 万元（其中含公益捐赠 18 万元）。

要求：计算该企业 2017 年应纳的企业所得税。

（1）$560 + 80 + 6 + 34 + 10 - 400 - 32.4 - 66 - 86 - 20 - 25 = 60.6$（万元）

（2）权益性投资调增所得额 $= 34 \div (1 - 15\%) - 34 = 6$（万元）

（3）技术开发费调减所得额 $= 30 \times 50\% = 15$（万元）

（4）捐赠扣除标准 $= 60.6 \times 12\% = 7.272$（万元）

实际捐赠额 18 万元大于标准 7.272 万元，按标准额扣除。

捐赠额应调增所得额 $= 18 - 7.272 = 10.728$（万元）

（5）应缴纳企业所得税 $= (60.6 + 6 - 15 + 10.728) \times 25\% - 34 \div (1 - 15\%) \times 15\% = 9.582$（万元）

⑪⑭ 境外所得抵扣税额如何计算企业所得税？

企业取得的下列所得已在境外缴纳的所得税税额，可以从其当期应纳税额中抵免，抵免限额为该项所得依照本法规定计算的应纳税额；超过抵免限额的部分，可以在以后五个年度内，用每年度抵免限额抵免当年应抵税额后的余额进行抵补：

（1）居民企业来源于中国境外的应税所得；

（2）非居民企业在中国境内设立机构、场所，取得发生在中国境外但与该机构、场所有实际联系的应税所得。

居民企业从其直接或者间接控制的外国企业分得的来源于中国境外的股息、红利等权益性投资收益，外国企业在境外实际缴纳的所得税税额中属于该项所得负担的部分，可以作为该居民企业的可抵免境外所得税税额，在企业所得税税法规定的抵免限额内抵免。

上述所称**直接控制**，是指居民企业直接持有外国企业 20% 以上股份。

上述所称**间接控制**，是指居民企业以间接持股方式持有外国企业 20% 以上股份，具体认定办法由国务院财政、税务主管部门另行制定。

已在境外缴纳的所得税税额，是指企业来源于中国境外的所得依照中国境外税收法律以及相关规定应当缴纳并已经实际缴纳的企业所得税性质的税款。企业依照企业所得税法的规定抵免企业所得税税额时，应当提供中国境外税务机关出具的税款所属年度的有关纳税凭证。

抵免限额，是指企业来源于中国境外的所得，依照企业所得税法和本条例的规定计算的应纳税额。除国务院财政、税务主管部门另有规定外，该抵免限额应当分国（地区）不分项计算，计算公式为：

抵免限额＝中国境内、境外所得依照企业所得税法和条例规定计算的应纳税总额 × 来源于某国（地区）的应纳税所得额 ÷ 中国境内、境外应纳税所得总额

前述五个年度，是指从企业取得的来源于中国境外的所得，已经在中国境外缴纳的企业所得税性质的税额超过抵免限额的当年的次年起连续五个纳税年度。

[案例分析]

某企业 2017 年度境内应纳税所得额为 100 万元,适用 25% 的企业所得税税率。另外,该企业分别在 A、B 两国设有分支机构(我国与 A、B 两国已经缔结避免双重征税协定),在 A 国分支机构的应纳税所得额为 50 万元,A 国企业所得税税率为 20%;在 B 国的分支机构的应纳税所得额为 30 万元,B 国企业所得税税率为 30%。假设该企业在 A、B 两国所得按我国税法计算的应纳税所得额和按 A、B 两国税法计算的应纳税所得额一致,两个分支机构在 A、B 两国分别缴纳了 10 万元和 9 万元的企业所得税。

要求:计算该企业汇总时在我国应缴纳的企业所得税税额。

(1)该企业按我国简洁计算的境内、境外所得的应纳税额。

应纳税额 =(100 + 50 + 30)× 25% = 45(万元)

(2)A、B 两国的扣除限额。

A 国扣除限额 = 45 ×[50 ÷(100 + 50 + 30)]= 12.5(万元)

B 国扣除限额 = 45 ×[30 ÷(100 + 50 + 30)]= 7.5(万元)

在 A 国缴纳的所得税为 10 万元,低于扣除限额 12.5 万元,可全额扣除。

在 B 国缴纳的所得税为 9 万元,高于扣除限额 7.5 万元,其超过扣除限额的部分 1.5 万元当年不能扣除。

(3)汇总时在我国应缴纳的所得税 = 45 - 10 - 7.5 = 27.5(万元)

115 非居民企业应纳企业所得税税额如何计算？

对于在中国境内未设立机构、场所的，或者虽设立机构、场所但取得的所得与其所设机构、场所没有实际联系的非居民企业的所得，按照下列方法计算应纳税所得额：

（1）股息、红利等权益性投资收益和利息、租金、特许权使用费所得，以收入全额为应纳税所得额；

（2）转让财产所得，以收入全额减除财产净值后的余额为应纳税所得额；

（3）其他所得，参照前两项规定的方法计算应纳税所得额。

财产净值是指财产的计税基础减除已经按照规定扣除的折旧、折耗、摊销、准备金等后的余额。

116 什么是税收优惠？

税收优惠，是指国家运用税收政策在税收法律、行政法规中规定对某一部分特定企业和课税对象给予减轻或免除税收负担的一种措施。税法规定的企业所得税的**税收优惠方式**包括免税、减税、加计扣除、加速折旧、减计收入、税额抵免等。

117 从事农、林、牧、渔业项目的所得的税收优惠有哪些？

企业从事农、林、牧、渔业项目的所得，包括免征和减征两部分。

（1）企业从事下列项目的所得，**免征**企业所得税：

① 蔬菜、谷物、薯类、油料、豆类、棉花、麻类、糖料、水果、坚果的种植；

② 农作物新品种的选育；

③ 中药材的种植；

④ 林木的培育和种植；

⑤ 牲畜、家禽的饲养；

⑥ 林产品的采集；

⑦ 灌溉、农产品初加工、兽医、农技推广、农机作业和维修等农、林、牧、渔服务业项目；

⑧ 远洋捕捞。

（2）企业从事下列项目的所得，**减半**征收企业所得税：

① 花卉、茶以及其他饮料作物和香料作物的种植；

② 海水养殖、内陆养殖。

118 从事国家重点扶持的公共基础设施项目投资经营的所得税税收优惠有哪些？

企业所得税法所称国家重点扶持的公共基础设施项目，是指《公共基础设施项目企业所得税优惠目录》规定的港口码头、机场、铁路、公路、电力、水利等项目。

企业从事国家重点扶持的公共基础设施项目的投资经营的所得，自项目取得第一笔生产经营收入所属纳税年度起，第一年至第三年免征企业所得税，第四年至第六年减半征收企业所得税。

企业承包经营、承包建设和内部自建自用本条规定的项目，不得享受本条规定的企业所得税优惠。

119 从事符合条件的环境保护、节能节水项目的所得的税收优惠有哪些？

环境保护、节能节水项目的所得，自项目取得第一笔生产经营收入所属纳税年度起，第一年至第三年**免征**企业所得税，第四年至第六年**减半**征收企业所得税。

符合条件的环境保护、节能节水项目，包括公共污水处理、公共垃圾处理、沼气综合开发利用、节能减排技术改造、海水淡化等。项目的具体条件和范围由国务财政、税务主管部门同国务院有关部门制定，报国务院批准后公布施行。

但是以上规定享受减免税优惠的项目，在减免税期限内转让的，受让方自受让之日起，可以在剩余期限内享受规定的减免税优惠；减免税期限届满后转让的，受让方不得就该项目重复享受减免税优惠。

120 符合条件的技术转让所得的税收优惠有哪些？

企业所得税法所称符合条件的技术转让所得免征、减征企业所得税，是指一个纳税年度内，居民企业转让技术所有权所得不超过500万元的部分，免征企业所得税；超过500万元的部分，减半征收企业所得税。

(121) 高新技术企业的税收优惠有哪些？

国家需要重点扶持的高新技术企业减按 15% 的所得税税率征收企业所得税。国家需要重点扶持的高新技术企业，是指拥有核心自主知识产权，并同时符合下列条件的企业：

（1）产品（服务）属于《国家重点支持的高新技术领域》规定的范围；

（2）研究开发费用占销售收入的比例不低于规定比例；

（3）高新技术产品（服务）收入占企业总收入的比例不低于规定比例；

（4）科技人员占企业职工总数的比例不低于规定比例；

（5）高新技术企业认定管理办法规定的其他条件。

《国家重点支持的高新技术领域》和高新技术企业认定管理办法由国务院科技、财政、税务主管部门同国务院有关部门制定，报国务院批准后公布施行。

(122) 小型微利企业的税收优惠有哪些？

小型微利企业减按 20% 的所得税税率征收企业所得税。小型微利企业的条件如下：

（1）**工业企业**，年度应纳税所得额不超过 30 万元，从业人数不超过 100 人，资产总额不超过 3000 万元；

（2）**其他企业**，年度应纳税所得额不超过 30 万元，从业人数不超过 80 人，资产总额不超过 1000 万元。

123 加计扣除的税收优惠有哪些？

加计扣除优惠包括以下两项内容。

（1）**研究开发费**，是指企业为开发新技术、新产品、新工艺发生的研究开发费用，未形成无形资产计入当期损益的，在按照规定据实扣除的基础上，按照研究开发费用的 50% 加计扣除；形成无形资产的，按照无形资产成本的 150% 摊销。

（2）企业**安置残疾人员**所支付的工资，是指企业安置残疾人员的，在按照支付给残疾职工工资据实扣除的基础上，按照支付给残疾职工工资的 100% 加计扣除。残疾人员的范围适用《中华人民共和国残疾人保障法》的有关规定。企业安置国家鼓励安置的其他就业人员所支付的工资的加计扣除办法，由国务院另行规定。

124 创投企业的税收优惠有哪些？

创投企业从事国家需要重点扶持和鼓励的创业投资，可以按投资额的一定比例抵扣应纳税所得额。

创投企业优惠，是指创业投资企业采取股权投资方式投资于未上市的中小高新技术企业两年以上的，可以按照其投资额的 70% 在股权持有满两年的当年抵扣该创业投资企业的应纳税所得额，当然不足抵扣的，可以在以后纳税年度结转抵扣。

例如：甲企业 2016 年 1 月 1 日向乙企业（未上市的中小高新技术企业）投资 100 万元、股权持有到 2017 年 12 月 31 日。甲企业 2009 年度可抵扣的应纳税所得额为 70 万元。

125 加速折旧的税收优惠有哪些？

企业的固定资产由于技术进步等原因，确需加速折旧的，可以缩短折旧年限或者采取加速折旧的方法。可采用以上折旧方法的固定资产是指：

（1）由于技术进步，产品更新换代较快的固定资产；

（2）常年处于强震动、高腐蚀状态的固定资产。

采取缩短折旧年限方法的，最低折旧年限不得低于规定折旧年限的60%；采取加速折旧方法的，可以采取双倍余额递减法或者年数总和法。

126 减计收入的税收优惠有哪些？

减计收入优惠，是企业综合利用资源，生产符合国家产业政策规定的产品所取得的收入，可以在计算应纳税所得额时减计收入。

综合利用资源，是指企业以《资源综合利用企业所得税优惠目录》规定的资源作为主要原材料，生产国家非限制和禁止并符合国家和行业相关标准的产品取得的收入，减按90%计入收入总额。

上述所称原材料占生产产品材料的比例不得低于《资源综合利用企业所得税优惠目录》规定的标准。

127 税额抵免的税收优惠有哪些？

税额抵免，是指企业购置并实际使用《环境保护专用设备企业所得税优惠目录》《节能节水专用设备企业所得税优惠目录》和《安全生产专用设备企业所得税优惠目录》规定的环境保护、节能节水、安全生产等专用设备的，该专用设备的投资额的10%可以从企业当年的应纳税额中抵免；当年不足抵免的，可以在以后五个纳税年度结转抵免。

享受前款规定的企业所得税优惠的企业，应当**实际购置**并自身**实际投入使用**前款规定的专用设备；企业购置上述专用设备在五年内转让、出租的，应当**停止**享受企业所得税优惠，并**补缴**已经抵免的企业所得税税款。

企业所得税优惠目录，由国务院财政、税务主管部门同国务院有关部门制定，报国务院批准后公布施行。

企业同时从事适用不同企业所得税待遇的项目的，其优惠项目应当单独计算所得，并合理分摊企业的期间费用；没有单独计算的，不得享受企业所得税优惠。

(128) 民族自治地方的税收优惠有哪些？

民族自治地方的自治机关对本民族自治地方的企业应缴纳的企业所得税中属于地方分享的部分，可以决定减征或者免征。自治州、自治县决定减征或者免征的，须报省、自治区、直辖市人民政府批准。

企业所得税法所称民族自治地方，是指依照《中华人民共和国民族区域自治法》的规定，实行民族区域自治的自治区、自治州、自治县。

对民族自治地方内国家限制和禁止行业的企业，不得减征或者免征企业所得税。

(129) 非居民企业的税收优惠有哪些？

非居民企业减按 10% 的所得税税率征收企业所得税。这里的非居民企业，是指在中国境内未设立机构、场所的，或者虽设立机构、场所但取得的所得与其所设机构、场所没有实际联系的企业。该类非居民企业取得下列所得免征企业所得税。

（1）外国政府向中国政府提供贷款取得的利息所得。

（2）国际金融组织向中国政府和居民企业提供优惠贷款取得的利息所得。

（3）经国务院批准的其他所得。

(130) 企业所得税其他税收优惠有哪些？

为了新、旧企业所得税法规的顺利衔接，新企业所得税法规做了明确的**过渡规定**：即企业所得税法公布前（2007 年 3 月 16 日）已经批准设立（已经完成工商登记注册）的企业，依照当时的税收法律、行政法规规定，享受抵税率优惠的，按照国务院规定，可以在企业所得税法施行后五年内，逐步过渡到新企业所得税法规定的税率；享受定期减免税优惠的，按照国务院规定，可以在企业所得税法施行后继续享受到期满为止，但因款获利而尚未享受优惠的，优惠期限从企业所得税法施行年度起计算。

(131) 企业所得税的纳税地点是如何规定的？

（1）除税收法律、行政法规另有规定外，居民企业以企业**登记注册地**

为纳税地点；但登记注册地在境外的，以实际管理机构所在地为纳税地点。企业注册登记地，是指企业依照国家有关规定登记注册的住所地。

（2）居民企业在中国境内设立不具有法人资格的营业机构的，应当汇总计算并缴纳企业所得税。企业汇总计算并缴纳企业所得税时，应当统一核算应纳税所得额，具体办法由国务院财政、税务主管部门另行制定。

（3）非居民企业在中国境内设立机构、场所的，应当就其所设机构、场所取得的来源于中国境内的所得，以及发生在中国境外但与其所设机构、场所有实际联系的所得，以机构、场所所在地为纳税地点。非居民企业在中国境内设立两个或者两个以上机构、场所的，经税务机关审核批准，可以选择由其主要机构、场所汇总缴纳企业所得税。非居民企业经批准汇总缴纳企业所得税后，需要增设、合并、迁移、关闭机构、场所或者停止机构、场所业务的，应当事先由负责汇总申报缴纳企业所得税的主要机构、场所向其所在地税务机关报告；需要变更汇总缴纳企业所得税的主要机构、场所的，依照前款规定办理。

（4）非居民企业在中国境内未设立机构、场所的，或者虽设立机构、场所但取得的所得与其所设机构、场所没有实际联系的所得，以扣缴义务人所在地为纳税地点。

（5）除国务院另有规定外，企业之间**不得合并缴纳**企业所得税。

⑬② 企业所得税的纳税期限有何规定？

企业所得税按年计征，分月或者分季预缴，年终汇算清缴，多退少补。

企业所得税的纳税年度，自公历每年1月1日起至12月31日止。企业在一个纳税年度的中间开业，或者由于合并、关闭等原因终止经营活动，使该纳税年度的实际经营期不足 12 个月的，应当以其实际经营期为一个纳税年度。企业清算时，应当以清算期间作为一个纳税年度。

自年度终了之日起五个月内，向税务机关报送年度企业所得税纳税申报表，并汇算清缴，结清应缴应退税款。

企业在年度中间终止经营活动的，应当自实际经营终止之日起 60 日内，向税务机关办理当期企业所得税汇算清缴。

⑬ 企业所得税如何纳税申报？

按月或按季预缴的，应当自月份或者季度终了之日起 15 日内，向税务机关报送预缴企业所得税纳税申报表，预缴税款。

企业在报送企业所得税纳税申报表时，应当按照规定附送财务会计报告和其他有关资料。

企业应当在办理注销登记前，就其清算所得向税务机关申报并依法缴纳企业所得税。

依照企业所得税法缴纳的企业所得税，以人民币计算。所得以人民币以外的货币计算的，应当折合成人民币计算并缴纳税款。

企业在纳税年度内无论盈利或者亏损，都应当依照企业所得税法第 54 条规定的期限，向税务机关报送预缴企业所得税纳税申报表、年度企业所得税纳税申报表、财务会计报告和税务机关规定应当报送的其他有关资料。

企业所得税纳税申报表的格式如何？

2008 年版企业所得税年度纳税申报表（A 类）的表样如表 5-1 所示。

表 5-1 企业所得税纳税申报表

中华人民共和国企业所得税年度纳税申报表（A 类）

税款所属期间： 年 月 日至 年 月 日

纳税人名称：

纳税人识别号：□□□□□□□□□□□□□□□ 金额单位：元（列至角分）

类别	行次	项目	金额
利润总额计算	1	一、营业收入（填附表一）	
	2	减：营业成本（填附表二）	
	3	税金及附加	
	4	销售费用（填附表二）	
	5	管理费用（填附表二）	
	6	财务费用（填附表二）	
	7	资产减值损失	
	8	加：公允价值变动收益	
	9	投资收益	
	10	二、营业利润	
	11	加：营业外收入（填附表一）	
	12	减：营业外支出（填附表二）	
	13	三、利润总额（10 ＋ 11 － 12）	
应纳税所得额计算	14	加：纳税调整增加额（填附表三）	
	15	减：纳税调整减少额（填附表三）	
	16	其中：不征税收入	
	17	免税收入	
	18	减计收入	
	19	减、免税项目所得	
	20	加计扣除	
	21	抵扣应纳税所得额	
	22	加：境外应税所得弥补境内亏损	
	23	纳税调整后所得（13 ＋ 14 － 15 ＋ 22）	
	24	减：弥补以前年度亏损（填附表四）	
	25	应纳税所得额（23 － 24）	

续表

类别	行次	项目	金额
应纳税额计算	26	税率（25%）	
	27	应纳所得税额（25×26）	
	28	减：减免所得税额（填附表五）	
	29	减：抵免所得税额（填附表五）	
	30	应纳税额（27－28－29）	
	31	加：境外所得应纳所得税额（填附表六）	
	32	减：境外所得抵免所得税额（填附表六）	
	33	实际应纳所得税额（30＋31－32）	
	34	减：本年累计实际已预缴的所得税额	
	35	其中：汇总纳税的总机构分摊预缴的税额	
	36	汇总纳税的总机构财政调库预缴的税额	
	37	汇总纳税的总机构所属分支机构分摊的预缴税额	
	38	合并纳税（母子体制）成员企业就地预缴比例	
	39	合并纳税企业就地预缴的所得税额	
	40	本年应补（退）的所得税额（33－34）	
附列资料	41	以前年度多缴的所得税额在本年抵减额	
	42	以前年度应缴未缴在本年入库所得税额	

纳税人公章：	代理申报中介机构公章：	主管税务机关受理专用章：
经办人：	经办人及执业证件号码：	受理人：
申报日期：年 月 日	代理申报日期：年 月 日	受理日期：年 月 日

(135) 企业所得税如何进行纳税筹划？

企业应交所得税的计算公式为：

企业应交所得税＝应纳税所得额 × 所得税税率

从计算公式中我们可以得知，企业所得税的筹划主要从两个方面入手。一是降低企业的应纳税所得额，也就是把应纳税所得额降下来；二是降低企业所得税的税率。

从会计制度与税法的对比而言，企业的应纳税所得额以当期的会计利润为基础，但是绝对不是简单的等于当期的会计利润，其根源在于税法与会计准则的原则与宗旨存在差异，会计利润出来后还会有纳税调整。纳税调整主要涉及收入调整与成本费用调整。

（1）会计不认为是收入的，税务认为是收入。如视同销售，等于收入变大了。

（2）会计认可的成本费用，税务不认可；也有另一种情况，税务比较友好，允许部分费用加计扣除。

纳税调整会导致会计利润和应纳税所得额不相等，这就给了我们企业所得税筹划的空间。

通过上面几个部分的分析，我们可看出，对企业进行所得税筹划主要有三个部分：一是对成本费用进行筹划，二是对应纳税所得额进行筹划，三是对企业所得税税率进行筹划。

（一）通过成本费用筹划企业所得额

企业对成本费用的纳税调整有以下四种情况。

一是**税法不许扣**。如发票不合规的费用，与经营没有关系的费用，违法违规费用，比如少交税、滞纳金、罚款等。

二是**税法要求部分扣**。成本费用不允许全额扣除，比如业务招待、广告费、市场推广费等。

三是**税法规定延后扣**。费用发生后，税务不允许在当期立即扣除，但延后可以扣除。如超过标准发生的职工教育经费、资本化的费用。

四是**规范允许加计扣**。这是税务给的优惠，并不多见，主要有研发费用、残疾员工工资、企业为环保做的投资等。

因此，对于企业的成本费用进行所得税的纳税筹划思路是，突出加计扣除，避免不许扣除和延后扣除。

（二）通过应纳税所得额筹划企业所得税

企业通过应纳税所得额进行税收筹划，思路有三个：第一，在公司形式上考虑，设立分公司还是子公司；第二，通过关联交易平滑利润；第三，用足税收优惠政策。因此，可以采取以下几个方面的措施。

一是可以**合理利用公司形式**。母公司打算在外地设立一个机构来经营，有两种选择：一是设立子公司，另一是设立分公司。如果新公司短期内不会有盈利的话，设立分公司更合适。因为分公司可以与总公司合并在一起缴纳企业所得税。如果对公司前景没有太大期望，还可以选择合伙企业形式。合伙企业只需交个税，没有企业所得税。合伙企业交税是先分后税，只有分到个人手里面才交，不分不交，显然比较有利。

二是**合理利用关联交易**。在关联公司搞利润调节，一是在收入上调节，就是把收入切换到另一个实体里面去做，二是在费用上面去想办法，把 A 公司费用想办法入到 B 公司。收入的确定要在签署合同的时候考虑进去，费用要想得更早，不能等事后找发票。关联公司间调节利润的最核心因素就是要及早规划，事先动手。最好的状态就是让所有的关联公司都盈利或都亏损，数据上都能做到合理解释，切忌让人明显察觉到是在人为调节利润。利用关联交易去筹划企业所得税是一个双刃剑，这种做法很容易引起税务关注。做好关联交易时，定价策略是很重要的，定价一定符合常理。

三是科学合理地**使用税收优惠政策**。常见的税收优惠政策包括：①研发费用加计扣除，现在税务对研发费用的优惠力度越来越大，小微企业研发费用可按175%扣除；②残疾员工的工资加计扣除；③技术转让减免企业所得税；④安全环保、节能、节水设备抵免税额优惠。企业安置残疾人员就业的，支付给残疾职工的工资据实扣除，另加计 100% 扣除。前提是要签一年以上劳动合同，不低于最低工资标准，持有残疾人证。环保设备投资税额抵免，企业在环境的保护，节水，节能，安全生产方面购买专用设备，专用设备的投资额的 10%，可以从企业当年的应纳税额中抵免，当年不足抵免的，可以在以后五个纳税年度结转抵免。

（三）通过税率筹划企业所得税

企业所得税筹划的第三个方向，在税率上面可以考虑的方向有以下几种。

一是**小规模纳税人**有大收获。目前税务对于小微企业放水养鱼，优惠放得很宽，年纳税所得额 30 万元以下的，交 10% 的所得税（先把应纳税所得额减掉一半，再按 20% 交所得税）。2018 年又出了新政策，把减免优惠往后延续两年，且应纳税所得额提高到了 50 万元以下。

二是学会灵活**拆分公司**，减少应纳税所得额。对于做不大但又能赚钱的企业，可以考虑有意识地把企业维持在小微企业的规模。一旦企业销售大起来，就把企业拆分为二继续维持小微企业的身份。拆分的好处有两点，第一，所得税税率少；第二，增值税的征收率也比较低。

三是要学会利用**高新技术企业**的资质。对于创新型的企业，特别是有自主知识产权的高新技术产业，要利用好高新技术企业这个资质。享受企业所得税税率 15% 的优惠，研发费用按 175% 加计扣除的优惠。

第六章　个人所得税

[本章导读]

　　纳税是每个企业，每个公民应尽的责任，而个人所得税则是和居民个人息息相关的一个税种。在本章的学习之中，我们将重点学习以下几个方面的内容。

　　第一，个人所得税是一种什么税？

　　第二，哪些人需要缴纳个人所得税？

　　第三，个人所得税对哪些收入征税？

　　第四，个人所得税的税率是如何规定的？

　　第五，个人所得税的计税依据如何确认？

　　第六，如何计算个人所得税的应纳税额？

　　第七，个人所得税有哪些优惠政策？

　　第八，如何办理个人所得税的申报与缴纳？

136 什么是个人所得税？

个人所得税是以个人（自然人）取得的各项应税所得为征税对象而征收的一种税。我国于1980年9月制定了《中华人民共和国个人所得税法》（以下简称《个人所得税法》），开始开征个人所得税，统一适用于中国公民和在我国取得收入的外籍人员。

137 个人所得税有什么特点？

个人所得税是世界各国普遍征收的一个税种，我国现行的个人所得税主要有以下四个特点。

（1）实行分类征收，即将个人取得的各种所得划分为11类，分别适用不同的费用减除规定、不同的税率和不同的计税方法。

（2）累进税率与比例税率并用的分类所得税制。

（3）费用扣除额较宽，我国本着费用扣除从宽、从简的原则，采用费用定额扣除和定率扣除两种方法。对工资、薪金所得，每月减除费用3500元，对劳务报酬等所得，每次收入不超过4000元的减除800元，每次收入4000元以上的减除20%的费用。

（4）采取课源制和申报制两种征纳方法，我国《个人所得税法》规定，对纳税人的应纳税额分别采取由支付单位源泉扣缴和纳税人自行申报两种方法。

138 个人所得税的征税对象是什么？

个人所得税的征税对象是个人取得的应税所得。《个人所得税法》列举征税的个人所得，也就是个人所得税的税目共有 11 项。《中华人民共和国所得税法实施条例》及相关法规具体确定了各项个人所得的征税范围。

139 什么是工资、薪金所得？

（一）工资、薪金所得的概念

工资、薪金所得，是指个人因任职或者受雇而取得的工资、薪金、奖金、年终加薪、劳动分红、津贴、补贴以及与任职或者受雇有关系的其他所得。

一般来说，工资、薪金所得属于非独立个人劳动所得。所谓非独立个人劳动，是指个人所从事的是由他人指定、安排并接受管理的劳动、工作，或服务于公司、工厂、行政、事业单位的人员（私营企业主除外）均为非独立劳动者。他们从上述单位取得的劳动报酬，是以工资、薪金的形式体现的。

除工资、薪金以外，奖金、年终加薪、劳动分红、津贴、补贴也被确定为工资、薪金范畴。其中，年终加薪、劳动分红不分种类和取得情况，一律按工资、薪金所得课税。

（二）不属于工资、薪金所得的除外情况

津贴、补贴等则有例外。根据我国目前个人收入的构成情况，规定对于一些不属于工资、薪金性质的补贴、津贴或者不属于纳税人本人工资、薪金所得项目的收入，不予征税。这些项目包括：

（1）独生子女补贴；

（2）执行公务员工资制度未纳入基本工资总额的补贴、津贴差额相家属成员的副食品补贴；

（3）托儿补助费；

（4）差旅费津贴、误餐补助。其中，误餐补助是指按照财政部规定，个人因公在城区、郊区工作，不能在工作单位或返回就餐的，根据实际误餐顿数，按规定的标准领取的误餐费。单位以误餐补助名义发给职工的补助、津贴不能包括在内。

140 什么是个体工商户的生产、经营所得？

个体工商户的生产、经营所得，是指：

（1）个体工商户从事工业、手工业、建筑业、交通运输业、商业、饮食业、服务业、修理业以及其他行业生产、经营取得的所得；

（2）个人经政府有关部门批准，取得执照，从事办学、医疗、咨询以及其他有偿服务活动取得的所得；

（3）上述个体工商户和个人取得的与生产、经营有关的各项应税所得；

（4）个人因从事彩票代销业务而取得所得，应按照"个体工商户的生产、经营所得"项目计征个人所得税；

（5）其他个人从事个体工商业生产、经营取得的所得。

从事个体出租车运营的出租车驾驶员取得的收入，按个体工商户的生产、经营所得项目缴纳个人所得税。

出租车属个人所有，但挂靠出租汽车经营单位或企事业单位，驾驶员向挂靠单位缴纳管理费的，或出租汽车经营单位将出租车所有权转移给驾驶员的，出租车驾驶员从事客货运营取得的收入，比照个体工商户的生产、经营所得项目征税。

个体工商户和从事生产、经营的个人，取得与生产、经营活动无关的其他各项应税所得，应分别按照其他应税项目的有关规定，计算征收个人所得税。如取得银行存款的利息所得、对外投资取得的股息所得；应按"利息、股息、红利"税目的规定单独计征个人所得税。

⑭ 什么是对企事业单位的承包、承租经营所得？

对企事业单位的承包、承租经营所得，是指个人承包经营、承租经营以及转包、转租取得的所得，还包括个人按月或者按次取得的工资、薪金性质的所得。个人对企事业单位的承包、承租经营形式较多，分配方式也不尽相同。大体上可以分为两类。

（1）个人对企事业单位承包、承租经营后，**工商登记**改变为个体工商户的。这类承包、承租经营所得，实际上介于个体工商户的生产、经营所得，应按个体工商户的生产、经营所得项目征收个人所得税，不再征收企业所得税。

（2）个人对企事业单位承包、承租经营后，**工商登记**仍为企业的，不论其分配方式如何，均应先按照企业所得税的有关规定缴纳企业所得税。后根据承包、承租经营者按合同（协议）规定取得的所得，依照《个人所得税法》的有关规定缴纳个人所得税。

① 承包、承租人对企业经营成果不拥有所有权，仅按合同（协议）规定取得一定所得的，应按工资、薪金所得项目征收个人所得税。

② 承包、承租人按合同（协议）规定只向发包方、出租人缴纳一定的费用，缴纳承包、承租费后的企业的经营成果归承包、承租人所有的，其取得的所得，按企业事业单位承包、承租经营所得项目征收个人所得税。

外商投资企业采取发包、出租经营且经营人为个人的，对经营人从外商投资企业分享的收益或取得的所得，也按照个人对企事业单位的承包、承租经营所得征收个人所得税。

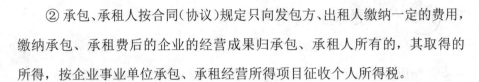 **142** 什么是劳务报酬所得？

劳务报酬所得，是指个人从事设计、装潢、安装、制图、化验、测试、医疗、法律、会计、咨询、讲学、新闻、广播、审稿、书画、雕刻、影视、录音、录像、演出、表演、广告、展览、技术服务、介绍服务、经纪服务、代办服务以及其他劳务报酬的所得。

劳务报酬所得是个人独立从事某种技艺，独立提供某种劳务而取得的所得；**工资、薪金所得**则是个人从事非独立劳动，从所在单位领取的报酬。后者存在**雇佣与被雇佣**的关系，而前者则不存在这种关系。如演员从剧团领取工资，教师从学校领取工资，就属于工资、薪金项目，而不属于劳务报酬范围。如果从事某项劳务活动取得的报酬不是来自聘用、雇佣或工作的单位，如演员自己"走穴"或与他人组合"走穴"演出取得的报酬；教师自行举办学习班、培训班取得的办班收入或课酬收入，就属于劳务报酬的范围。

(143) 什么是稿酬所得？

稿酬所得，是指个人因其作品以图书、报刊形式出版、发表而取得的所得。这里所说的作品，包括文学作品、书画作品、摄影作品，以及其他作品。作者去世后，财产继承人取得的遗作稿酬，也应征收个人所得税。

根据国家税务总局 2002 年 2 月 9 日国税函〔2002〕146 号，关于个人所得税若干业务问题的批复规定，对报纸、杂志、出版等单位的职员在本单位的刊物上发表作品、出版图书取得所得征税的问题说明如下所示。

（1）任职、受雇于报社、杂志社等单位的记者、编辑等专业人员，因有本单位的报纸、杂志上发表作品取得的所得，属于因任职、受雇而取得的所得，应与其当月工资收入合并，**按"工资、薪金所得"项目**征收个人所得税。

除上述专业人员以外，其他人员在本单位的报纸、杂志上发表作品取得的所得，应按"稿酬所得"项目征收个人所得税。

（2）出版社的专业作者撰写、编写或翻译的作品，由本社以图书形式出版而取得的稿费收入，应**按"稿酬所得"项目**计算缴纳个人所得税。

(144) 什么是特许权使用费所得？

特许权使用费所得，是指个人提供专利权、商标权、著作权、非专利权以及其他特许权的使用权取得的所得。特许权主要涉及以下四种权利。

专利权是指由国家专利主管机关依法授予专利申请人在一定的时期内对某项发明创造享有的专有利用的权力，它是工业产权的一部分，具有专有性（独占性）、地域性、时间性。

商标权是指商标注册人依法律规定而取得的对其注册商标在核定商品上使用的独占使用权。商标权也是一种工业产权,可以依法取得、转让、许可使用、继承、丧失、请求排除侵害。

著作权即版权,是指作者对其创作的文学、科学和艺术作品依法享有的某些特殊权力。著作权是公民的一项民事权利,既具有民法中的人身权性质,也具有民法中的财产权性质。主要包括发表权、署名权、修改权、保护权、使用权和获得报酬权。

非专利技术即专利技术以外的专有技术。这类技术大多尚处于保密状态,仅为特定人知晓并占有。

上述四种权利及其他权由个人提供或转让给他人使用时,会取得相应的收入。这类收入不同于一般所得,所以单独列为一类征税项目。对特许权使用费所得的征税办法,各国不尽一致。如有的国家对转让专利权所得征收资本利得税,而我国是将提供和转让合在一起,一并列入个人所得税的征税范围。

根据税法规定,提供著作权的使用权取得的所得,不包括稿酬的所得,对于作者将自己的文字作品手稿原件或复印件公开拍卖(竞价)取得的所得,属于提供著作权的使用所得,故应按特许权使用费;所得项目征收个人所得税。

个人取得特许权的经济赔偿收入,应按"特许权使用费所得"应税项目缴纳个人所得税,税单由支付赔款的单位或个人代扣代缴。

从 2002 年 5 月 1 日起,编剧从电视剧的制作单位取得的剧本使用费,不再区分剧本的使用方是否为其任职单位,统一按特许权使用费所得项目计征个人所得税。如其他有关法规与本规定不符的,应按本规定执行。

145 什么是利息、股息、红利所得？

利息、股息、红利所得，是指个人拥有债权、股权而取得的利息、股息、红利所得。利息一般是指存款、贷款和债券的利息。股息、红利是指个人拥有股权取得的公司、企业分红，按照一定的比率派发的每股息金，称为股息。根据公司企业应分配的、超过股息部分的利润，按股派发红股，称为红利。

146 什么是财产租赁所得？

财产租赁所得，是指个人出租建筑物、土地使用权、机器设备、车船以及其他财产取得的所得。

个人取得的财产转租收入，属于"财产租赁所得"的征税范围。在确定纳税义务人时，应以产权凭证为依据，对无产权凭证的，由主管税务机关根据实际情况确定；产权所有人死亡，在未办理产权继承手续期间，该财产出租而有租金收入的，以领取租金的个人为纳税义务人。

147 什么是财产转让所得？

财产转让所得，是指个人转让有价证券、股权、建筑物、土地使用权、机器设备、车船以及其他财产取得的所得。

对个人取得的各项财产转让所得，除股票转让所得外，都要征收个人所得税。

148 什么是偶然所得？

偶然所得，是指个人得奖、中奖、中彩以及其他偶然性质的所得。其中，得奖，是指参加各种有奖竞赛活动，取得名次获得的奖金；中奖、中彩，是指参加各种有奖活动，如有奖销售、有奖储蓄或购买彩票，经过规定程序，抽中、摇中号码而取得的奖金。

个人因参加企业的有奖销售活动而取得的赠品所得，应按"偶然所得"项目计征个人所得税。赠品所得为实物的，应以《中华人民共和国个人所得税法实施条例》第十条规定的方法确定应纳税所得额，计算缴纳个人所得税。税款由举办有奖销售活动的企业（单位）负责代扣代缴。

149 什么是其他所得？

除了十项个人应税所得外，对于今后可能出现的需要征税的新项目，以及个人取得的难以界定应税项目的个人所得，由国务院财政部门确定征收个人所得税。

150 什么是个人所得税的纳税人？

个人所得税的纳税人是指在中国境内有住所，或者虽无住所但在境内居住满一年，以及无住所又不居住或居住不满一年但有从中国境内取得所得的个人。包括中国公民、个体工商户、外籍个人、香港、澳门、台湾同胞等。

151 居民纳税人与非居民纳税人的判定标准是什么？

个人所得税的纳税人包括居民纳税人和非居民纳税人，两者具有不同的纳税义务。按照《个人所得税法》的规定：

在中国境内有住所，或者无住所而在境内居住满一年的个人，从中国境内和境外取得的所得，依照本法规定缴纳个人所得税；

在中国境内无住所又不居住或者无住所而在境内居住不满一年的个人，从中国境内取得的所得，依照本法规定缴纳个人所得税；在居住期间内临时离境的，即在一个纳税年度中一次离境不超过 30 日或者多次离境累计不超过 90 日的，不扣减日数，连续计算。

152 居民纳税人和非居民纳税人的纳税义务范围是什么？

（一）居民纳税人的纳税义务范围

我国的居民纳税人是指在中国境内有住所，或者无住所，而在境内居住满一年的个人。居民纳税人应就其来源于中国境内和境外的所得，向我国政府履行纳税义务，依法缴纳个人所得税。

为了便于人员的国际交流，本着从宽、从简的原则，对于在中国境内无住所，但居住满一年而未超过五年的个人，其来源于中国境内所得应全部依法缴纳个人所得税。而对于其来源于中国境外的各种所得，经主管税务机关批准，可以只就由中国境内公司、企业以及其他经济组织或个人支付的部分缴纳个人所得税。如果上述个人在居住期间临时离境，在临时离境工作期间的工资、薪金所得，仅就由中国境内企业或个人雇主支付的部分纳税。

对于居住超过五年的个人，从第六年起，开始就来源于中国境内、境外的全部所得缴纳个人所得税。

（二）非居民纳税人的纳税义务范围

在中国境内无住所又不居住，或者无住所而在境内居住不满一年的个人，属于我国税法中的非居民纳税人，只就其来源于中国境内的所得向我国政府履行有限纳税义务，依法缴纳个人所得税。

153 如何确定个人所得税的所得来源？

何为来源于中国境内的所得？《个人所得税法》及其实施条例对此作了规定，下列所得，不论支付地点是否在中国境内，均为来源于中国境内的所得：

（1）在中国境内任职、受雇而取得的工资、薪金所得；

（2）在中国境内从事生产、经营活动而取得的生产经营所得；

（3）因任职、受雇、履约等在中国境内提供各种劳务取得的劳务报酬所得；

（4）将财产出租给承租人在中国境内使用而取得的所得；

（5）转让中国境内的建筑物、土地使用权等财产，以及在中国境内转让其他财产取得的所得；

（6）提供专利权、非专利技术、商标权、著作权，以及其他特许权在中国境内使用的所得；

（7）因持有中国的各种债券、股票、股权而从中国境内的公司、企业或者其他经济组织及个人取得的利息、股息、红利所得。

⑮ 什么是个人所得税的扣缴义务人？

我国个人所得税实行代扣代缴和个人申报纳税相结合的征收管理制度。税法规定，凡支付应纳税所得的单位或个人，都是个人所得税的扣缴义务人。扣缴义务人在向纳税人支付各项应纳税所得（个体工商户生产、经营所得除外）时，必须履行代扣代缴税款的义务。

⑮ 个人所得税的税率是怎样规定的？

个人所得税分别不同个人所得项目，规定了**超额累进税率**和**比例税率**两种形式。

（1）工资、薪金所得适用 3% ～ 45% 的**七级超额累进税率**。（如表 6-1 所示）

表 6-1　工资、薪金所得适用税率表

级数	含税级距	税率（%）	说明
1	不超过 1500 元的	3	本表含税级距指以每月收入额减除费用3500 元后的余额或者减除附加减除费用后的余额。
2	超过 1500 元至 4500 元的部分	10	
3	超过 4500 元至 9000 元的部分	20	
4	超过 9000 元至 35000 元的部分	25	
5	超过 35000 元至 55000 元的部分	30	
6	超过 55000 元至 80000 元的部分	35	
7	超过 80000 元的部分	45	

（2）个体工商户的生产经营所得、对企事业单位的承包承租经营所得、个人独资企业和合伙企业的生产经营所得适用 5%～35% 的**五级超额累进税率**。（如表 6-2 所示）

表 6-2　个体工商户的生产、经营所得和对企事业单位的承包经营、
承租经营所得个人所得税税率表

级数	全月应纳税所得额	税率（%）
1	不超过 15000 元	5
2	超过 15000 元至 30000 元的部分	10
3	超过 30000 元至 60000 元的部分	20
4	超过 60000 元至 100000 元的部分	30
5	超过 100000 元的部分	35

（3）劳务报酬所得，适用比例税率，税率为 20%。对劳务报酬所得一次收入畸高的，可以实行加成征收，具体办法由国务院规定。

根据《个人所得税法实施条例》规定，"劳务报酬所得一次收入畸高"，是指一次取得劳务报酬，其应纳税所得额超过 20000 元。对应纳税所得额超过 20000 元至 50000 元的部分，依照税法规定计算应纳税额后再按应纳税额加征五成；超过 50000 元的部分，加征 10 成。因此，劳务报酬所得实际上适用 20%、30%、40% 的三级超额累进税率。（如表 6-3 所示）

表 6-3　　劳务报酬所得个人所得税税率表

级数	每次应纳税所得额	税率（%）
1	不超过 20000 元的部分	20
2	超过 20000 元至 50000 元的部分	30
3	超过 50000 元的部分	40

注：本表所称"每次应纳所得额"，是指每次收入额减除费用 800 元（每次收入额不超过 4000 元时）或者减除 20% 的费用（每次收入额超过 4000 元时）后的余额。

（4）稿酬所得适用**比例税率**，税率为20%，并按照应纳税额减征30%，故其实际税率为14%。

（5）特许权使用费所得、财产租赁所得、财产转让所得、股息、红利所得、偶然所得和其他所得适用20%的比例税率。

从2001年1月1日起，对个人出租房屋取得的所得减按10%的税率征收个人所得税。

（6）从2007年8月15日起，居民储蓄来利息税率调为5%，自2008年10月9日起暂免征收储蓄利息的个人所得税。

156 如何确定个人所得税的计税依据？

（一）确定计税依据的基本方法

我国现行的个人所得税采取分项确定、分类扣除，根据其所得的不同情况分别实行**定额、定率**和**会计核算**三种扣除办法。

（1）对工资、薪金所得涉及的个人基本生活费用，采取定额扣除的办法。

（2）个体工商户的生产、经营所得和对企事业单位的承包经营、承租经营所得及财产转让所得，涉及生产、经营及有关成本或费用的支出，采取会计核算办法扣除有关成本、费用或规定的必要费用。

（3）对劳务报酬所得、稿酬所得、特许权使用费所得、财产租赁所得，因涉及既要按一定比例合理扣除费用，又要避免扩大征税范围等两个需同时兼顾的因素，故采取定额和定率两种扣除办法。

（4）利息、股息、红利所得和偶然所得，因不涉及必要费用的支付，所以规定不得扣除任何费用。

（二）计税依据的特殊规定

（1）个人将其所得通过中国境内的社会团体、国家机关向教育和其他社会公益事业以及遭受严重自然灾害地区、中国初级卫生保健基金会、贫困地区的捐赠，捐赠额未超过纳税人申报的应纳税所得额30%的部分，可以从应纳税所得额中扣除，超过部分不得扣除。

（2）个人通过非营利性的社会团体和国家机关向红十字事业的捐赠，在计算缴纳个人所得税时，准予在税前的所得额中全额扣除。

（3）自2001年7月1日起，个人通过非营利的社会团体和国家机关向农村义务教育的捐赠，在计算缴纳个人所得税时，准予在税前的所得额中全额扣除。

（4）个人通过非营利性社会团体和国家机关对公益性青少年活动场所（其中包括新建）的捐赠，在计算缴纳个人所得税时，准予在税前的所得额中全额扣除。

公益性青少年活动场所，是指专门为青少年学生提供科技、文化、德育、爱国主义教育、体育活动的青少年宫、青少年活动中心等校外活动的公益性场所。

（5）个人的所得（不含偶然所得.经国务院财政部门确定征税的其他所得）用于对非关联的科研机构和高等学校研究开发新产品、新技术、新工艺所发生的研究开发经费的资助，可以全额在下月（工资、薪金所得）或下次（按次计征的所得）或当年按年计征的所得计征个人所得税时，从应纳税所得额中扣除，不足抵扣的，不得结转抵扣。

(157) 工资、薪金所得应纳个人所得税如何计算？

（一）应纳税所得额的计算

工资、薪金所得实行按月计征的办法，按照新修订的《个人所得税法》，从 2011 年 9 月 1 日起，工资、薪金所得以个人每月收入额固定减除 3500 元费用后的余额为应纳税所得额。其计算公式为：

$$应纳税所得额＝月工资、薪金收入－3500 元$$

（二）减除费用的具体规定

（1）附加减除费用。

《个人所得税法》对工资、薪金所得规定的普遍适用的减除费用标准，为每月 3500 元。但是，对在中国境内无住所而在中国境内取得工资、薪金所得的纳税义务人和在中国境内有住所而在中国境外取得工资、薪金所得的纳税义务人，税法根据其平均收入水平、生活水平以及汇率变化情况，从 2011 年 9 月 1 日起，在每月减除 3500 元费用的基础上，再附加减除 1300 元。其应纳税所得额的计算公式为：

$$应纳税所得额＝月工资、薪金收入－3500 元－1300 元$$

附加减除费用所适用的具体范围是：

①在中国境内的外商投资企业和外国企业中工作的外籍人员；

②应聘在中国境内企业、事业单位、社会团体、国家机关中工作的外籍专家；

③在中国境内有住所而在中国境外任职或者受雇取得工资薪金所得的个人；

④财政部确定的其他人员。此外，附加减除费用也适用于华侨和香港、

澳门、台湾同胞。

（2）雇佣和派遣单位分别支付工资、薪金的费用扣除。

在外商投资企业、外国企业和外国驻华机构工作的中方人员取得的工资、薪金收入，凡是由雇佣单位和派遣单位分别支付的，支付单位应扣缴应纳的个人所得税，以纳税人每月全部工资、薪金收入减除规定费用后的余额为应纳税所得额。为了有利于征管，采取由支付者方减除费用的方法，即只有雇佣单位在支付工资、薪金时，才可按税法规定减除费用。计算扣缴税款；派遣单位支付的工资、薪金不再减除费用，以支付全额直接确定适用税率，计算扣缴个人所得税。

上述纳税义务人，应持两处支付单位提供的原始明细工资、薪金单（书）和完税凭证原件，选择并固定到一地税务机关申报每月工资、薪金收入，汇算清缴其工资、薪金收入的个人所得税，多退少补，具体申报期限，由各省、自治区、直辖市税务局确定。

（3）雇佣单位将部分工资、薪金上交派遣单位的费用扣除。

对于外商投资企业、外商企业和外国驻华机构发放给中方工作人员的工资、薪金所得，应全额计税。但对于可以提供有效合同或有关凭证，能够证明其工资、薪金所得的一部分按有关规定上交派遣（介绍）单位的，可以扣除其实际上交的部分，按其余额计征个人所得税。

（4）境内、境外分别取得工资、薪金所得的费用扣除。

纳税人在境内、境外同时取得工资、薪金所得，应首先判断其境内、境外取得的所得是否来源于一国的所得，如因任职、受雇、履约等而在中国境内提供劳务取得所得，无论支付地点是否在中国境内，均为来源于中国境内的所得，纳税人能够提供在境内、境外同时任职或者受雇及其工资、薪金标准的有效证明文件，可判定其所得是分别来自境内和境外的，应分别减除费用后计算纳税，如果纳税人不能提供上述证明文件，则应视为来源于一国所得。若其任职或者受雇单位在中国境内，应为来源于中国境内的所得；若其任职或受雇单位在中国境外，应为来源于中国境外的所得，依照有关规定计税。

（5）个人一次取得数月奖金、年终加薪或劳动分红的费用扣除。

根据《国家税务总局关于调整个人取得全年一次性奖金等计算征收个人所得税方法问题的通知》（国税发〔2005〕9号）第二条规定："纳税人取得全年一次性奖金，单独作为一个月工资、薪金所得计算纳税，并按以下计税办法，由扣缴义务人发放时代扣代缴。"

①先将雇员当月内取得的全年一次性奖金，除以12个月，按其商数确定适用税率和速算扣除数。

如果在发放年终一次性奖金的当月，雇员当月工资薪金所得低于税法规定的费用扣除额，应将全年一次性奖金减除"雇员当月工资薪金所得与费用扣除额的差额"后的余额，按上述办法确定全年一次性奖金的适用税率和速算扣除数。

②将雇员个人当月内取得的全年一次性奖金，按本条第（一）项确定的适用税率和速算扣除数计算征税，计算公式如下所示。

如果雇员当月工资薪金所得高于（或等于）税法规定的费用扣除额的，适用公式为：

应纳税额＝雇员当月取得全年一次性奖金 × 适用税率－速算扣除数

如果雇员当月工资薪金所得低于税法规定的费用扣除额的，适用公式为：

应纳税额＝（雇员当月取得全年一次性奖金－雇员当月工资薪金所得与费用扣除额的差额）× 适用税率－速算扣除数

（6）特定行业职工取得的工资、薪金所得的费用扣除。

为了照顾采掘业、远洋运输业、远洋捕捞业因季节、产量等因素的影响，职工的工资、薪金收入呈现较大幅度波动的实际情况，对这三个特定行业的职工取得的工资、薪金所得采取按年计算、分月预缴的方式计征个人所得税。年度终了后 30 日内，合计其全年工资、薪金所得，再按 12 个月平均并计算实际应纳的税款，多退少补。用公式表示为：

年应纳所得税额＝［（全年工资、薪金收入 /12 －费用扣除标准）× 税率－速算扣除数］×12

考虑到远洋运输具有跨国流动的特性，因此，对远洋运输船员每月的工资、薪金收入在统一扣除 1600 元费用的基础上，准予再扣除税法规定的附加减除费用标准。由于船员的伙食费统一用于集体用餐，不发给个人，故特案允许该项补贴不计入船员个人的应纳税工资、薪金收入。

（7）个人取得公务交通、通讯补贴收入的扣除标准。

个人因公务用车和通讯制度改革而取得的公务用车、通讯补贴收入，扣除一定标准的公务费用后，按照"工资、薪金所得"项目计征个人所得税。按月发放的，并入当月"工资、薪金所得"计征个人所得税；不按月发放的；分解到所属月份并与该月份"工资、薪金所得"合并后计征个人所得税。

公务费用的扣除标准，由省级地方税务局根据纳税人公务、交通费用的实际发生情况调查测算，报经省级人民政府批准后确定，并报国家税务总局备案。

（三）应纳税额的计算方法

（1）一般工资、薪金所得应纳个人所得税的计算。

工资、薪金所得适用七级超额累进税率，按每月收入定额扣除 3500 元，就其余额作为应纳税所得额，按适用税率计算应纳税额。其计算公式为：

应纳税额＝应纳税所得额 × 适用税率－速算扣除数

或＝（每月收入额－3500 元）× 适用税率－速算扣除数

由于个人所得税适用税率中的各级距均为扣除费用后的应纳税所得额，因此，在确定适用税率时，不能以每月全部工资、薪金所得为依据，而只能是以扣除规定费用后的余额为依据，找出对应级次的税率。

（2）雇主为其雇员负担个人所得税额的计算。

在实际工作中，有的雇主（单位或个人）常常为纳税人负担税款，即支付给纳税人的报酬（包括工资、薪金、劳务报酬等所得）是不含税的净所得或称为税后所得，纳税人的应纳税额由雇主代为缴纳。这种情况下，就不能以纳税人实际取得的收入直接乘以适用税率计算应纳税额，否则，就会缩小税基，降低适用税率。正确的方法是，将纳税人的不含税收入换算为应纳税所得额，即含税收入，然后再计算应纳税额。

我们主要讲解雇主全额为雇员负担税款的情况。应将雇员取得的不含税收入换算成应纳税所得额后，计算单位或个人应当代付的税款。计算公式为：

公式 1：

应纳税所得额＝（不含税收入额－费用扣除标准－速算扣除数）/（1－税率）

公式 2：

应纳税额＝应纳税所得额 × 适用税率－速算扣除数

在上式中，公式 1 中的税率，是指不含税所得按不含税级距对应的税率；公式 2 中的税率，是指应纳税所得额按含税级距对应的税率。对此，在计算过程中应特别注意，不能混淆。

（3）个人一次取得数月奖金应纳个人所得税的计算。

对个人一次取得的数月奖金、年终加薪或劳动分红，可单独作为一个月的工资、薪金所得，不再从中减除费用，就以一次取得的奖金总额作为应纳税所得额，按规定税率计算纳税。

（4）不满一个月的工资、薪金所得应纳个人所得税的计算。

在中国境内无住所的个人，凡在中国境内不满一个月，并仅就不满一个月期间的工资、薪金所得申报纳税的，均应按全月工资、薪金所得为依据计算实际应纳税额。其计算公式为：

应纳税额 ＝（当月工资、薪金应纳税所得额 × 适用税率－速算扣除数）× 当月实际在中国境内的天数／当月天数

如果属于上述情况的个人取得的是日工资、薪金，应以日工资、薪金乘以当月天数换成月工资、薪金后，再按上述公式计算应纳税额。

（5）对实行年薪制的企业经营者应纳个人所得税的计算方法。

我国在建立现代企业制度中试行的年薪制，是指企业经营者平时按规定领取基本工资，年度结束后，根据其经营业绩的考核结果，再确定其效益收入。对实行年薪制的企业经营者取得的工资、薪金所得应纳的税款，可以实行按年计税、分月预缴的方式计征，即企业经营者按月领取的基本收入，应在减除费用之后，按适用税率计算应纳税款并预缴，年度终了领取效益收入后，合计其全年基本收入和效益收入，再按 12 个月平均计算实际应纳的税款。计算公式为：

全年应纳税额＝〔（全年基本收入和效益收入/12－费用扣除标准）×适用税率－速算扣除数〕×12

（6）对个人因解除劳动合同取得经济补偿金的计税方法。

根据《国家税务总局关于国有企业职工因解除劳动合同取得一次性补偿收入征免个人所得税问题的通知》精神，自2000年6月1日起，凡依法宣告破产的国有企业支付给职工的一次性安置费收入，免予征收个人所得税，其他企业支付给职工解除劳动合同的一次性补偿收入，在当地上年企业职工平均工资的三倍数额内的，可免征个人所得税；超过该标准的一次性补偿收入，应全额计税。具体办法为：对企业支付给解聘职工的一次性补偿收入，可视为一次取得数月的工资、薪金收入，允许在一定期限内平均计算。方法为：以个人取得的一次性补偿收入，除以个人在本企业的工作年限数（超过12年的按12年计算），以其商数作为个人的月工资、薪金收入，按照税法规定计算缴纳个人所得税。个人在解除劳动合同后又再次任职、受雇的，已纳税的一次性补偿收入不再与再次任职、受雇的工资薪金所得合并计算补缴个人所得税。

158 个体工商户的生产、经营所得应纳个人所得税如何计算？

对于实行查账征收的个体工商户，其生产、经营所得或应纳税所得额是每一纳税年度的收入总额，减除成本、费用以及损失后的余额。这是采用会计核算办法归集或计算得出的应纳税所得额。计算公式为：

应纳税所得额＝收入总额－（成本＋费用＋损失＋准予扣除的税金）

（一）收入总额

个体工商户的收入总额，是指个体工商户从事生产、经营以及与生产、经营有关的活动所取得的各项收入，包括商品（产品）销售收入、营运收入、劳务服务收入、工程价款收入、财产出租或转让收入、利息收入、其他收入和营业外收入。以上各项收入应当按照权责发生制原则确定。

（二）准予扣除的项目

在计算应纳税所得额时，准予从收入总额中扣除的项目包括成本、费用、损失和准予扣除的税金。其中：

（1）**成本、费用**，是指个体工商户从事生产、经营所发生的各项直接支出和分配计入成本的间接费用以及销售费用、管理费用、财务费用。

"直接支出和分配计入成本的间接费用"，是指个体工商户在生产、经营过程中实际消耗的各种原材料、辅助材料、备品配件、外购半成品、燃料、动力、包装物等直接材料和发生的商品进价成本、运输费、装卸费、包装费、折旧费、修理费、水电费、差旅费、租赁费（不包括融资租赁费）、低值易耗品等，以及支付给生产经营从业人员的工资。

销售费用，是指个体工商户在销售产品、自制半成品和提供劳务过程中发生的各项费用，包括：运输费、装卸费、包装费、委托代销手续费、广告费、展览费、销售服务费，以及其他销售费用。

管理费用，是指个体工商户为管理和组织生产经营活动而发生的各项费用，包括：劳动保险费、咨询费、诉讼费、审计费、土地使用费、低值易耗品摊销、开办费摊销、无法收回的账款（坏账损失）、业务招待费，以及其他管理费用。

财务费用，是指个体工商户为筹集生产经营资金而发生的各项费用，包括：利息净支出、汇兑净损失、金融机构手续费，以及筹资中的其他财务费用。

（2）**损失**，是指个体工户在生产、经营过程中发生的各项营业外支出。包括：固定资产盘亏、报废、毁损和出售的净损失、自然灾害或意外事故损失、公益救济性捐赠、赔偿金、违约金等。

（3）**税金**，是指个体工商户按规定缴纳的消费税、城市维护建设税、资源税、土地使用税、土地增值税、房产税、车船使用税、印花税、耕地占用税，以及教育费附加。

纳税人不能提供有关的收入、成本、费用、损失等的完整、准确的纳税资料，不能正确计算应纳税所得额，应由主管税务机关核定其应纳税所得额。

（三）准予在所得税前列支的其他项目及列支标准

（1）个体工商户在生产经营中的借款利息支出，未超过中国人民银行规定的同类、同期贷款利率计算的数额部分，准予扣除。

（2）个体工商户发生的与生产经营有关的财产保险、运输保险以及从业人员的养老、医疗保险及其他保险费用支出，按国家有关规定的标准计算扣除。

（3）个体工商户发生的与生产经营有关的修理费用，可以据实扣除。修理费用发生不均衡或数额较大的，应分期扣除。

（4）个体工商户按规定缴纳的工商管理费、个体劳动者协会会费、摊位费，按实际发生数扣除。缴纳的其他规费，其扣除项目和扣除标准，由省、自治区、直辖市地方税务局根据当地实际情况确定。

（5）个体工商户在生产经营中租入固定资产而支付的费用，其扣除分两种情况处理：以融资租赁方式（即出租人和承租人事先约定，在承租人付清最后一笔租金后，该固定资产即归承租人所有）租入固定资产而发生的租赁费，应计入固定资产价值，不得直接扣除；如果是以经营租赁方式（即因生产经营需要临时租入固定资产，租赁期满后，该固定资产应归还出租人）租入固定资产的租赁费，可以据实扣除。

（6）个体工商户研究开发新产品、新技术、新工艺所发生的开发费用，以及研究开发新产品、新技术而购置的单台价值在五万元以下的测试仪器和试验性装置的购置费，准予扣除。超出上述标准和范围的，按固定资产管理，不得在当期扣除。

（7）个体工商户在生产经营过程中发生的固定资产和流动资产盘亏，即毁损净损失，由个体工商户提供清查盘存资料，经主管税务机关审核后，可以在当期扣除。

（8）个体工商户在生产经营过程中发生的以外币结算的往来款项增减变动时，由于汇率变动而发生的人民币的差额，作为汇兑损益，计入当期所得或在当期扣除。

（9）个体工商户发生的与生产经营有关的无法收回的账款（包括因债务人破产或死亡，以其破产财产或者遗产清偿后，仍然不能收回的应收账款，或者因债务人逾期未履行还债义务超过三年仍然不能收回的应收账款），应由其提供有效证明，报经主管税务机关审核后，按实际发生数扣除。

（10）个体工商户发生的与生产经营有关的业务招待费，由其提供合法的凭证或单据，经主管税务机关审核后，在其收入总额的5‰以内据实扣除。

（11）个体工商户将其所得通过中国境内的社会团体、国家机关向教育和其他社会公益事业以及遭受严重自然灾害地区、贫困地区的捐赠，捐赠额不超过其应纳税所得额30%的部分可以据实扣除。纳税人直接给受益人的捐赠不得扣除。

（12）个体工商户在生产经营过程中发生的与家庭生活混用的费用，由主管税务机关核定分摊比例，据此计算确定的属于生产经营过程中发生的费用，准予扣除。

（13）个体工商户的年度经营亏损，经申报主管税务机关审核后，允许用下一年度的经营所得弥补。下一年度所得不足弥补的，允许逐年延续弥补，但最长不得超过五年。

（14）个体工商户购入低值易耗品的支出，原则上一次摊销，但一次性购入价值较大的，应分期摊销。分期摊销的价值标准和期限由各省、自治区、直辖市地方税务局确定。

（四）不得在所得税前列支的项目

（1）资本性支出，包括：为购置和建造固定资产、无形资产以及其他资产的支出，对外投资的支出。

（2）被没收的财物、支付的罚款。

（3）缴纳的个人所得税收滞纳金、罚金和罚款。

（4）各种赞助支出。

（5）自然灾害或者意外事故损失有赔偿的部分。

（6）分配给投资者的股利。

（7）用于个人和家庭的支出。

（8）个体工商产业主的工资支出。

（9）与生产经营无关的其他支出。

（10）国家税务总局规定不准扣除的其他支出。

个体工商户购入、自建、实物投资和融资租入的资产，包括固定资产、无形资产、递延资产等，只能采取分次计提折旧或分次摊销的方式予以列支。

（一）固定资产的税务处理

个体工商户的固定资产是指在生产经营中使用的、期限超过一年且单位价值在 1000 元以上的房屋、建筑物、机器、设备、运输工具及其他与生产经营有关的设备、工器具等。

（1）固定资产的折旧范围

允许计提折旧的固定资产包括：房屋和建筑物；在用的机械设备、仪器仪表和各种工器具；季节性停用和修理停用的设备，以及以经营方式租出和以融资租赁方式租入的固定资产。

（2）不得计提折旧的固定资产

不得计提折旧的固定资产包括：房屋、建筑物以外的未使用、不需用的固定资产；以经营方式租入和以融资租赁方式租出的固定资产；已提足折旧继续使用的固定资产。

个体工商户应当按照税法规定的资产计价方式所确定的资产价值和规定的资产折旧年限，计提固定资产折旧。固定资产在计提折旧前，应当估计残值（按固定资产原价的 5% 确定），从固定资产原价中减除。

（3）固定资产的计价

确定固定资产价值，可以分别不同的固定资产，按以下方式计价：购入的固定资产，按实际支付的买价、包装费、运杂费和安装费等计价；自行建造的固定资产，按建造过程中实际发生的全部支出计价；以实物形式投资的固定资产，按评估确认或者合同、协议约定的价值计价；在原有基础上进行改、扩建的固定资产，按账面原价减改、扩建过程中发生的变价收入，加上改扩、建增加的支出计价；盘盈的固定资产，按同类固定资产的重置完全价值计价；融资租入的固定资产，按照租赁协议或者合同确定的租赁费加运输费、保险费、装调试费等计价。

（4）固定资产的折旧年限

税法规定的固定资产折旧最短年限分别为：房屋、建筑物为 20 年；轮船、机器、机械和其他生产设备为 10 年；电子设备和轮船外的运输工具，以及与生产经营有关的器具、工具、家具等为五年。个体工商户由于特殊原因需要缩短固定资产折旧年限的，须报经省税务机关审核批准。

（5）固定资产的折旧方法

固定资产折旧按平均年限法和工作计量法计算提取。

① 按平均年限法计算折旧的公式为：

固定资产的年折旧率＝［1 － 5%（残值率）］＋折旧年限 ×100%

月折旧率＝年折旧率 /12

月折旧额＝固定资产原价 × 月折旧率

② 按工作量法计算折旧的公式为：

单位里程（每工作小时）折旧额＝（原值－残值）/ 总行驶里程（总工作小时）

（二）无形资产的税务处理

无形资产是指在生产经营过程中长期使用但没有实物形态的资产。包括专利权、非专利技术、商标权、商誉、著作权、场地使用权等。

（1）无形资产的计价

无形资产的计价应当按照取得的实际成本为准。具体是：作为投资的无形资产，以协议、合同规定的合理价格为原价；购入的无形资产，按实际支付的价款为原价；按照发票账单所列金额或者同类无形资产的市价计价。

（2）无形资产的摊销

无形资产从开始使用之日起，在有效使用期内分期均额扣除。作为投资或受让的无形资产，在法律、合同或协议中规定了使用年限的，可按该使用年限分期扣除；没有规定使用年限或是自行开发的无形资产，扣除期限不得少于 10 年。

（三）递延资产的税务处理

个体工商户自申请营业执照之日起至开始生产经营之日止所发生的符合《个体工商个人所得税计税办法》规定的费用，除为取得固定资产、无形资产的支出，以及应计入资产价值的汇兑损益、利息支出之外，作为开办费，个体工商户可以选择在开始生产经营的当年一次性扣除，也可自生产经营月份起不短于三年的期限内摊捐扣除，但一经选定，不得改变。

（四）流动资产的税务处理及存货计价

流动资产是指可以在一年内或者超过一年的一个营业周期内变现或者运用的资产，包括现金、应收及预付款项和存货。所谓存货，是指在生产经营过程中为销售或者耗用而储备的物资，包括各种原材料、辅助材料、燃料、低值易耗品、包装物、在产品、外购商品，自制半成品、产成品等。存货应按实际成本计价，领用或发出存货的核算，原则上采用加权平均法。

个体工商户的生产、经营所得适用五级超额累进税率，以其应纳税所得额按适用税率计算应纳税额。其计算公式为：

应纳税额＝应纳税所得额 × 适用税率－速算扣除数

由于个体工商户生产、经营所得的应纳税额实行按年计算、分月或分季预缴、年终汇算清缴、多退少补的方法，因此，在实际工作中，需要分别计算按月预缴税额和年终汇算清缴税额。其计算公式为：

本月应预缴税额＝本月累计应纳税所得额 × 适用税率－速算扣除数－上月累计已预缴税额

公式中的适用税率，是指与计算应纳税额的月份累计应纳税所得对应的税率，该税率从五级超额累进所得税税率表（年换算月）中查找确定。

全年应纳税额＝全年应纳税所得额 × 适用税率－速算扣除数汇算清缴税额＝全年应纳税额全年累计已预缴税额

159 对企事业单位承包、承租经营所得应纳个人所得税如何计算？

（一）应纳税所得额

对企事业单位承包经营、承租经营所得，以每一纳税年度的收入总额，减除必要费用后的余额，为应纳税所得额。

每一纳税年度的收入总额是指纳税人按照承包经营、承租经营合同规定分得的经营利润和工资、薪金性质的所得。

所说的"减除必要费用"，是指按月减除 3500 元。其计算公式为：

应纳税所得额＝个人承包、承租经营收入总额－每月 3500 元

个人在承租、承包经营期间，按照企业所得税的有关规定，凡承租经营后，未改变被租企业名称，未变更工商登记，仍以被承租企业名义对外从事生产经营活动，不论被承租企业与承租方如何分配经营成果，均以被承租企业为纳税义务人。即按照企业所得税的有关规定先缴纳企业所得税，然后才按个人承包所得的规定计算缴纳个人所得税。

（二）应纳税额的计算方法

对企事业单位承包经营、承租经营所得适用五级超额累进税率，以其应纳税所得额按适用税率计算应纳税额。计算公式为：

应纳税额＝应纳税所得额 × 适用税率－速算扣除数

160 劳务报酬所得应纳个人所得税如何计算？

（一）应纳税所得额

劳务报酬所得以个人每次取得的收入，定额或定率减除规定费用后的余额为应纳税所得额；每次收入不超过 4000 元的，定额减除费用 800 元；每次收入在 4000 元以上的，定率减除 20% 的费用。其计算公式为：

（1）每次收入不超过 4000 元的：

应纳税所得额＝每次收入额－ 800 元

（2）每次收入在 4000 元以上的：

应纳税所得额＝每次收入额 ×（1 － 20%）

劳务报酬所得因其一般具有不固定、不经常性，不便于按月计算，所以，规定凡属于一次性收入的，以取得该项收入为一次，按次确定应纳税所得额；凡属于同一项目连续性收入的，以一个月内取得收入为一次，据以确定应纳税所得额。考虑属地管辖与时间划定有交叉的特殊情况，统一规定以县（含县级市、区）为一地，其管辖内的一个月内同一项目的劳务服务为一次；当月跨县地域的，则应分别计算。

上述劳务报酬所得中的"同一项目"，是指劳务报酬所得列举 29 项具体劳务项目中的某一单项，如果个人兼有不同的劳务报酬所得，应当分别按不同的项目所得定额或定率减除费用。

此外，获得劳务报酬所得的纳税人从其收入中支付给中介和相关人员的报酬，除另有规定者外，在定率扣除 20% 的费用后，一律不再扣除。对中介和相关人虽取得的报酬，应分别计征个人所得税。

（二）应纳税额的计算方法

劳务报酬所得适用 20% 的比例税率，其应纳税额的计算公式为：

$$应纳税额 ＝ 应纳税所得额 × 适用税率$$

如果纳税人的每次应税劳务报酬所得超过 20000 元，应实行加成征税，其应纳税总额应依据相应税率和速算扣除数计算。计算公式为：

$$应纳税额 ＝ 应纳税所得额 × 适用税率 － 速算扣除数$$

⑯ 稿酬所得应纳个人所得税如何计算？

（一）应税所得额

稿酬所得以个人每次取得的收入，定额或定率减除规定费用后的余额为应纳税所得额。每次收入不超过 4000 元的，定额减除费用 800 元；每次收入在 4000 元以上的，定率减除 20% 的费用。费用扣除计算方法与劳务报酬所得相同。

（二）每次收入的确定

所谓"每次取得的收入"，是指以每次出版、发表作品取得的收入为一次，确定应纳税所得额。在实际生活中，稿酬的支付或取得形式是多种多样的，比较复杂。为了便于合理确定不同形式、不同情况、不同条件下稿酬的税收负担，国家税务总局另有具体规定。

（1）个人每次以图书、报刊方式出版、发表同一作品，不论出版单位是预付还是分笔支付稿酬，或者加印该作品后再付稿酬，均应合并为一次征税。

（2）在两处或两处以上出版、发表或再版同一作品而取得的稿酬，则可以分别各处取得的所得或再版所得分次征税。

（3）个人的同一作品在报刊上连载，应合并其因连载而取得的所得为一次。连载之后又出书取得稿酬的，或先出书后连载取得稿酬的，应视同再版稿酬分次征税。

（4）作者去世后，对取得其遗作稿酬的个人，按稿酬所得征税。

（三）应纳税额的计算方法

稿酬所得适用 20% 的比例税率，并按规定对应纳税额减征 30%，即实际缴纳税额是应纳税额的 70%，其计算公式为：

应纳税额＝应纳税所得额 × 适用税率

实际缴纳税额＝应纳税额 ×（1 － 30%）

162 特许权使用费所得应纳个人所得税如何计算？

（一）应纳税所得额

特许权使用费所得以个人每次取得的收入，定额或定率减除规定费用后的余额为应纳税所得额。每次收入不超过 4000 元的，定额减除费用 800 元；每次收入在 4000 元以上的，定率减除 20% 的费用。费用扣除计算方法与劳务报酬所得相同。其中，每次收入是指一项特许权的一次许可使用所取得的收入。

对于人从事技术转让中扭支付的中介费，若能提供有效合法凭证，允许从其所得中扣除。

（二）应纳税额的计算方法

特许权使用费所得适用 20% 的比例税率，其应纳税额的计算公式为：

应纳税额＝应纳税所得额 × 适用税率＝每次收入额 ×20%

163 利息、股息、红利所得应纳个人所得税如何计算？

（一）应纳税所得额

利息、股息、红利所得以个人每次取得的收入额为应纳税所得额，不得从收入额中扣除任何费用。其中，每次收入是指支付单位或个人每次支付利息、股息、红利时，个人所取得的收入。对于股份制企业在分配股息、红利时，以股票形式向股东个人支付应得的股息、红利（即派发红股），应以派发红股的股票票面金额为收入额，计算征收个人所得税。

（二）应纳税额的计算方法

利息、股息、红利所得适用20%的比例税率。其应纳税额的计算公式为：

应纳税额＝应纳税所得额（每次收入额）× 适用税率

银行存款所取得的利息，除特殊规定外。从 1999 年 11 月 1 日起开始征收个人所得税。储蓄存款在 1999 年 10 月 31 日以前滋生的利息免征个人所得税。

财产租赁所得应纳个人所得税如何计算？

（一）应纳税所得额

财产租赁所得一般以个人每次取得的收入，定额或定率减除规定费用后的余额为应纳税所得额。每次收入不超过 4000 元，定额减除费用 800 元；每次收入在 4000 元以上，定率减除 20% 的费用。财产租赁所得以一个月内取得的收入为一次。

在确定财产租赁的应纳税所得额时，纳税人在出租财产过程中缴纳的税金和教育费附加，可持完税（缴款）凭证，从其财产租赁收入中扣除。准予扣除的项目除了规定费用和有关税费外，还准予扣除能够提供有效、准确凭证，证明由纳税人负担的该出租财产实际开支的修缮费用。允许扣除的修缮费用，以每次 800 元为限。一次扣除不完的，准予在下一次继续扣除，直到扣完为止。

个人出租财产取得的财产租赁收入，在计算缴纳个人所得税时，应依次扣除以下费用：

（1）财产租赁过程中缴纳的税费；

（2）由纳税人负担的该出租财产实际开支的修缮费用；

（3）税法规定的费用扣除标准。

应纳秘所得额的计算公式为：

公式 1：每次（月）收入不超过 4000 元的：

应纳税所得额＝每次（月）收入额－准予扣除项目－修缮费用（800 元为限）－ 800 元

公式 2：每次（月）收入超过 4000 元的：

应纳税所得额＝〔每次（月）收入额－准予扣除项目－修缮费用（800元为限）〕×（1－20%）

（二）应纳税额的计算方法

财产租赁所得适用 20% 的比例税率。但对个人按市场价格出租的居民住房取得的所得，自 2001 年 1 月 1 日起暂减按 10% 的税率征收个人所得税。其应纳税额的计算公式为：

应纳税额＝应纳税所得额 × 适用税率

在实际征税过程中，有时会出现财产租赁所得的纳税人不明确的情况。对此，在确定财产租赁所得纳税人时，应以产权凭证为依据。无产权凭证的，由主管税务机关根据实际情况确定纳税人。如果产权所有人死亡，在未办理产权继承手续期间，该财产出租且有租金收入的，以领取租金的个人为纳税人。

165 财产转让所得应纳个人所得税如何计算？

（一）应纳税所得额

财产转让所得以个人每次转让财产取得的收入额减除财产原值和相关税、费后的余额为应纳税所得额。其中，"每次"是指以一件财产的所有权一次转让取得的收入为一次。

（二）应纳税额的计算方法

财产转让所得适用 20% 的比例税率。其应纳税额的计算公式为：

应纳税额＝应纳税所得额 × 适用税率

166 偶然所得和其他所得应纳个人所得税如何计算？

（一）应纳税所得额

偶然所得和其他所得以个人每次取得的收入额为应纳税所得额，不扣除任何费用，除有特殊规定外，每次收入额就是应纳税所得额，以每次取得该项收入为一次。

（二）应纳税额的计算方法

偶然所得适用 20% 的比例税率，其应纳税额的计算公式为：

应纳税额＝应纳税即得额（每次收入额）× 适用税率

167 扣除捐赠款的个人所得应纳个人所得税如何计算？

一般捐赠额的扣除以不超过纳税人申报应纳税所得额的 30% 为限。计算公式为：

捐赠扣除限额＝申报的应纳税所得额 ×30%

允许扣除的捐赠额＝实际捐赠额≤捐赠扣除限额的部分；如果实际捐赠额≥捐赠扣除限额时，只能按捐赠扣除限额扣除。

应纳税额＝（应纳税所得额－允许扣除的捐赠额）× 适用税率－速算扣除数

168 境外缴纳税额抵免的个人所得应纳个人所得税如何计算?

在中国境内有住所,或者虽无住所,但在中国境内居住满一年以上的个人,从中国境内和境外取得的所得,都应缴纳个人所得税。实际上,纳税人的境外所得一般均已缴纳或负担了有关国家的所得税额。为了避免发生国家间对同一所得的重复征税,同时维护我国的税收权益,税法规定,纳税人从中国境外取得的所得,准予其在应纳税额中扣除已在境外实缴的个人所得税税款,但扣除额不得超过该纳税人境外所得依照本法规定计算的应纳税额。具体规定及计税方法如下所示。

(一)实缴境外税款

即实际已在境外缴纳的税额,是指纳税人从中国境外取得的所得,依照所得来源国或地区的法律应当缴纳并且实际已经缴纳的税额。

(二)抵免限额

准予抵免(扣除)的实缴境外税款最多不能超过境外所得按我国税法计算的抵免限额(应纳税额或扣除限额)。我国个人所得税的抵免限额采用分国限额法。即分别来自不同国家或地区和不同应税项目,依照税法规定的费用减除标准和适用税率计算抵免限额。对于同一国家或地区的不同应税项目,以其各项的抵免限额之和作为来自该国或地区所得的抵免限额。其计算公式为:

来自某国或地区的抵免限额=∑(来自某国或地区的某一应税项目的所得-费用减除标准)×适用税率-速算扣除数

或=∑(来自某国或地区的某一种应税项目的净所得+境外实缴税款-

费用减除标准）× 适用税率－速算扣除数

上式中的费用减除标准和适用税率，均指我国《个人所得税法》及其实施条例规定的有关费用减除标准和适用税率。不同的应税项目减除不同的费用标准，计算出的单项抵免限额相加后，求得来自一国或地区所得的抵免限额，即分国的抵免限额。**分国抵免限额不能相加。**

（三）允许抵免额

允许在纳税人应纳我国个人所得税税额中扣除的税额，即允许抵免额要分国确定，即在计算出的来自一国或地区所得的抵免限额与实缴该国或地区的税款之间相比较，**以数额较小者作为允许抵免额。**

（四）超限额与不足限额结转

在某一纳税年度，如发生实缴境外税款超过抵免限额，即发生超限额，超限额部分不允许在应纳税额中抵扣，但可以在以后纳税年度仍来自该国家或地区的不足限额，即实缴境外税款低于抵免限额的部分中补扣。这一做法称为限额的结转或轧抵。下一年度结转后仍有出超限额的，可继续结转，但每年发生的超限额结转期最长不得超过五年。

（五）申请抵免

境外缴纳税款的抵免必须由纳税人提出申请，并提供境外税务机关填发的完税凭证原件。

（六）应纳税额的计算

在计算出抵免限额和确定了允许抵免额之后，便可对纳税人的境外所得计算应纳税额。其计算公式为：

应纳税额＝Σ（来自某国或地区的所得－费用减除标准）× 适用税率－速算扣除数－允许抵免额

169 两人以上共同取得同一项目收入的个人所得应纳个人所得税如何计算？

两个或两个以上的个人共同取得同一项目收入的，如编著一本书，参加同一场演出等，应当对每个人取得的收入分别按照税法规定减除费用后计算纳税，即实行"先分、后扣、再税"的办法。

170 对哪些项目免征个人所得税？

（1）省级人民政府、国务院部委和中国人民解放军军以上单位，以及外国组织、国际组织颁发的科学、教育、技术、文化、卫生、体育、环境保护等方面的奖金。

（2）国债和国家发行的金融债券利息。其中，国债利息，是指个人持有的中华人民共和国财政部发行的债券而取得的利息；国家发行的金融债券利息，是指个人持有经国务院批准发行的金融债券而取得的利息所得。

（3）按照国家统一规定发给的补贴、津贴。是指按照国务院规定发给的政府特殊津贴和国务院规定免纳个人所得税的补贴、津贴。

（4）福利费、抚恤金、救济金。其中，福利费是指根据国家有关规定，从企业、事业单位、国家机关、社会团体提留的福利费或者从工会经费中支付给个人的生活补助费。抚恤金是由国家或有关单位依照有关规定发放给死者家属或伤残职工的费用。救济金是指国家民政部门支付给个人的生活困难补助费。

（5）保险赔款。

（6）军人的转业**安置费、复员费**。

（7）按照国家统一规定发给干部、职工的安家费、退职费、退休工资、离休工资、离休生活补助费。其中，退职费是指符合《国务院关于工人退休、退职的暂行办法》规定的退职条件，并按该办法规定的退职费标准所领取的退职费。

（8）依照我国有关法律规定应予免税的各国驻华使馆、领事馆的外交代表、领事官员和其他人员的所得。

（9）中国政府参加的国际公约、签订的协议中规定免税的所得。

（10）对外籍个人取得的探亲费免征个人所得税。可以享受免征个人所得税优惠待遇的探亲费，仅限于外籍个人在我国的受雇地与其家庭所在地（包括配偶或父母居住地）之间搭乘交通工具且每年不超过两次的费用。

（11）经国务院财政部门批准免税的所得。

（171）有哪些项目减征个人所得税？

（1）残疾、孤老人员和烈属的所得；

（2）因严重自然灾害造成重大损失的；

（3）其他经国务院财政部门批准减税的。

上述减税项目的减征幅度和期限，由省、自治区、直辖市人民政府规定。

（172）有哪些项目暂免征个人所得税？

（1）**外籍个人**以非现金形式或实报实销形式取得的住房补贴、伙食补贴、搬迁费、洗衣费。

（2）外籍个人按合理标准取得的境内、境外出差补贴。

（3）外籍个人取得的语言训练费、子女教育费等；经当地税务机关审核批准为合理的部分。

（4）外籍个人从外商投资企业取得的股息、红利所得。

（5）凡符合下列条件之一的**外籍专家**取得的工资、薪金所得，可免征个人所得税：

①根据世界银行专项贷款协议，由世界银行直接派往我国工作的外国专家；

②联合国组织直接派往我国工作的专家；

③为联合国援助项目来华工作的专家；

④援助国派往我国专为该国援助项目工作的专家；

⑤根据两国政府签订的文化交流项目来华工作两年以内的文教专家，其工资、薪金所得由该国负担的；

⑥根据我国大专院校国际交流项目来华工作两年以内的文教专家，其工资、薪金所得由该国负担的；

⑦通过民间科研协定来华工作的专家，其工资、薪金所得由该国政府机构负担的。

（6）个人举报、协查各种违法、犯罪行为而获得的**奖金**。

（7）个人办理代扣代缴手续，按规定取得的扣缴**手续费**。

（8）个人转让自用达五年以上并且是唯一的家庭**生活用房**取得的所得。

（9）对个人购买福利彩票、赈灾彩票、体育彩票，一次**中奖**收入在一万元以下的（含一万元）暂免征收个人所得税，超过一万元的，全额征收个人所得税。

（10）达到离休、退休年龄，但确因工作需要适当调高离休、退休年龄的高级专家（指享受国家发放的政府特殊津贴的专家、学者），其在延长**离休**、**退休**期间的工资、薪金所得，视同离休、退休工资免征个人所得税。

（11）对国有企业职工，因企业依照《中华人民共和国企业破产法（试行）》宣告**破产**，从破产企业取得的一次性安置费收入，免予征收个人所得税。

（12）职工与用人单位**解除劳动关系**取得的一次性**补偿**收入（包括用人单位发放的经济补偿金、生活补助费和其他补助费用），在当地上年职工年平均工资三倍数额内的部分，可免征个人所得税。超过该标准的一次性补偿收入，应按照《国家税务总局关于个人因解除劳动合同取得经济补偿金征收个人所得税问题的通知》（国税发〔1999〕178号）的有关规定，全额计算征收个人所得税。

根据国税发〔1999〕178号文规定，个人解除劳动合同取得的一次性补偿收入，自1999年10月1日起，按以下规定征收个人所得税。

① 对于个人因解除劳动合同而取得一次性经济补偿收入，应按"工资、薪金所得"项目计征个人所得税。

② 考虑到个人取得的一次性经济补偿收入数额较大，而且被解聘的人员可能在一段时间内没有固定收入，因此，对于个人取得的一次性经济补偿收入，可视为一次取得数月的工资、薪金收入，允许在一定期限内进行平均。具体平均办法为：以个人取得的一次性经济补偿收入，除以个人在本企业的工作年限数，以其商数作为个人的月工资、薪金收入，按照税法规定计算缴纳个人所得税。个人在本企业的工作年限数按实际工作年限数计算，超过12年的按12年计算。

③ 按照上述方法计算的个人一次性经济补偿收入应纳的个人所得税税款，由支付单位在支付时一次性代扣，并于次月 7 日内缴入国库。

④ 个人按国家和地方政府规定比例实际缴纳的住房公积金、医疗保险金、基本养老保险金、失业保险基金在计税时予以扣除。

⑤ 个人在解除劳动合同后又再次任职、受雇的，对个人已缴纳个人所得税的一次性经济补偿收入，不再与再次任职、受雇的工资、薪金所得合并计算补缴个人所得税。

（13）城镇企业事业单位及其职工个人按照《失业保险条例》规定的比例，实际缴付的**失业保险费**，均不计入职工个人当期的工资、薪金收入，免予征收个人所得税。

城镇企业，是指国有企业、城镇集体企业、外商投资企业、城镇私营企业以及其他城镇企业。不包括城镇企业事业单位招用的农民合同制工人。

城镇企业事业单位和职工个人超过上述规定的比例缴付失业保险费的，应将其超过规定比例缴付的部分计入职工个人当期的工资、薪金收入，依法计征个人所得税。

（14）企业和个人按照国家或地方政府规定的比例，提取并向指定金融机构实际缴付的住房公积金、医疗保险金、基本养老**保险金**，免予征收个人所得税。

（15）个人领取原提存的住房公积金、医疗保险金、基本养老保险金，以及具备《失业保险条例》规定条件的失业人员领取的失业保险金，免予征收个人所得税。

（16）下岗职工从事社区居民服务业，对其取得的经营所得和劳务报酬所得，从事个体经营的自其领取税务登记证之日起、从事独立劳务服务的自其持下岗证明在当地主管税务机关备案之日起，三年内免征个人所得税；但第一年免税期满后由县以上主管税务机关就免税主体及范围按规定逐年审核，符合条件的，可继续免征一至两年。

（17）个人取得的教育储蓄存款利息所得和按照国家或省级地方政府规定的比例缴付的住房公积金、医疗保险金、基本养老保险金、失业保险金存入银行个人账户所取得的利息所得，免予征收个人所得税。

(173) 个人所得税减免是否须税务机关批准应依照什么原则？

（1）税收法律、行政法规、部门规章和规范性文件中未明确规定纳税人享受减免税必须经税务机关审批的，且纳税人取得的所得完全符合减免税条件的，无须经主管税务机关审批，纳税人可自行享受减免税。

（2）税收法律、行政法规、部门规章和规范性文件中明确规定纳税人享受减免税必须经税务机关审批的，或者纳税人无法准确判断其取得的所得是否应享受个人所得税减免的，必须经主管税务机关按照有关规定审核或批准后，方可减免个人所得税。

（3）纳税人有本节"减税项目"规定情形之一的，必须经主管税务机关批准，方可减征个人所得税。

(174) 什么是个人所得税的扣缴义务人？

税法规定，个人所得税以取得应税所得的个人为纳税义务人，以支付所得的单位或者个人为扣缴义务人，包括企业（公司）、事业单位、财政部门、机关事务管理部门、人事管理部门、社会团体、军队、驻华机构（不包括外国驻华使领馆和联合国及其他依法享有外交特权和豁免权的国际组织驻华机构）、个体工商户等单位或个人。按照税法规定代扣代缴个人所得税，是扣缴义务人的法定义务，必须依法履行。

(175) 扣缴义务人应代扣代缴税款的所得项目有哪些？

扣缴义务人在向个人支付下列所得时，应代扣代缴个人所得税。这些所得项目是：工资、薪金所得；对企事业单位的承包经营、承租经营所得；劳务报酬所得；稿酬所得；特许权使用费所得；利息、股息、红利所得；财产租赁所得；财产转让所得；偶然所得，以及经国务院财政部门确定征税的其他所得。

(176) 哪些情形须纳税义务人按照规定到主管税务机关自行办理纳税申报？

(1) 年所得 12 万元以上的；

(2) 从中国境内二处或者二处以上取得工资、薪金所得的；

(3) 从中国境外取得所得的；

(4) 取得应纳税所得，没有扣缴义务人的；

(5) 国务院规定的其他情形。

年所得 12 万元以上的纳税义务人，在年度终了后三个月内到主管税务机关办理纳税申报。

(177) 个人所得税申报纳税地点有什么规定？

申报纳税地点一般应为当地的税务机关。但是，纳税人在两处或两处以上取得工资、薪金所得的，可选择并固定在一地税务机关申报纳税；从境外取得所得的，应向境内户籍所在地或经常居住地税务机关申报纳税。

对在中国境内几地工作或提供劳务的临时来华人员，应以税法所规定的申报纳税日期为准，在某一地区达到申报纳税的日期，即应在该地申报纳税。但为了方便纳税，也可准予个人提出申请，经批准后固定在一地申报纳税。对由在华企业或办事机构发放工资、薪金的外籍纳税人，由在华企业或办事机构集中向当地税务机关申报纳税。

纳税人要求变更申报纳税地点的，须经原主管税务机关批准。

(178) 个人所得税申报纳税期限有什么规定？

除特殊情况外，纳税人应在取得应纳税所得的次月15日内向主管税务机关申报所得并缴纳税款。具体规定如下所示。

（1）工资、薪金所得的应纳税款，按月计征，由纳税人在次月15日内缴入国库，并向税务机关报送个人所得税纳税申报表。采掘业、远洋运输业、远洋捕捞业等特定行业的纳税人，其工资、薪金所得应纳的税款，考虑其工作的特殊性，可以实行按年计算，分月预缴的方式计征，自年度终了之日起30日内，合计全年工资、薪金所得，再按12个月平均并计算实际应纳的税款，多退少补。

（2）对于账册健全的个体工商户，其生产、经营所得应纳的税款实行按年计算、分月预缴，由纳税人在次月15日内申报预缴，年度终了后三个月汇算清缴，多退少补。对账册不健全的个体工商户，其生产、经营所得的应纳税款，由税务机关依据《税收征管法》自行确定征收方式。

（3）纳税人年终一次性取得承包经营、承租经营所得的，自取得收入之日起30日内申报纳税；在一年内分次取得承包经营、承租经营所得的，应在取得每次所得后的15日内预缴税款，年度终了后三个月内汇算清缴，多退少补。

（4）劳务报酬、稿酬、特许权使用费、利息、股息、红利、财产租赁、财产转让所得和偶然所得等，按次计征。取得所得的纳税人应当在次月15日内将应纳税款缴入国库，并向税务机关报送个人所得税纳税申报表。

（5）个人从中国境外取得所得的，其来源于中国境外的应纳税所得，若在境外以纳税年度计算缴纳个人所得税的，应在所得来源国的纳税年度终了、结清税款后的30日内向中国主管税务机关申报纳税；若在取得境外所得时结清税款的，或者在境外按所得来源国税法规定免于缴纳个人所得税的，应当在次年1月1日起30日内，向中国主管税务机关申报纳税。

(179) 什么是个人独资企业和合伙企业？

根据国务院的决定，从2000年1月1日起，个人独资企业和合伙企业不再缴纳企业所得税，只对投资者个人取得的生产经营所得征收个人所得税。按照财税字〔2000〕91号的规定，个人独资企业和合伙企业为：

（1）依照《中华人民共和国个人独资企业法》和《中华人民共和国合伙企业法》登记成立的个人独资企业、合伙企业；

（2）依照《中华人民共和国私营企业暂行条例》登记成立的独资、合伙性质的私营企业；

（3）依照《中华人民共和国律师法》登记成立的合伙制律师事务所；

（4）经政府有关部门依照法律法规批准成立的负无限责任和无限连带责任的其他个人独资、个人合伙性质的机构或组织。

个人独资企业以投资者为纳税义务人，合伙企业以每一个合伙人为纳税义务人（以下简称投资者）。

180 个人独资企业和合伙企业计征个人所得税的适用税率有何规定？

凡实行查账征税办法的，其税率比照"个体工商户的生产经营所得"应税项目，适用5%～35%的五级超额累进税率，计算征收个人所得税；实行核定应税所得率征收方式的，先按照应税所得率计算其应纳税所得额，再按其应纳税所得额的大小，适用5%～35%的五级超额累进税率计算征收个人所得税。

投资者兴办两个或两个以上企业的（包括参与兴办），年度终了时，应汇总从所有企业取得的应纳税所得额，据此确定适用税率并计算缴纳个人所得税。

181 个人独资企业和合伙企业应纳税所得额应怎样计算？

个人独资企业和合伙企业（以下简称企业）的应纳税所得额，等于每一纳税年度的收入总额减除成本、费用以及损失后的余额。

182 个人独资企业和合伙企业应纳税所得额中的收入总额怎样确定？

收入总额是指企业从事生产经营以及与生产经营有关的活动所取得的各项收入，包括商品（产品）销售收入、营运收入、劳务服务收入、工程价款收入、财产出租或转让收入、利息收入、其他业务收入和营业外收入。

个人独资企业的投资者以全部生产经营所得为应纳税所得额；**合伙企业**的投资者按照合伙企业的全部生产经营所得和合伙协议约定的分配比例确定应纳税所得额，合伙协议没有约定分配比例的，以全部生产经营所得和合伙人数量平均计算每个投资者的应纳税所得额。

生产经营所得，包括企业分配给投资者个人的所得和企业当年留存的所得（利润）。

183 计算个人独资企业和合伙企业应纳税所得额时应扣除的项目有哪些？

扣除项目比照《个体工商户个人所得税计税办法（试行）》（国税发

〔1997〕43号）的规定确定。但下列项目的扣除依照本规定执行。

（1）**投资者的费用扣除标准**，由各省、自治区、直辖市地方税务局参照《个人所得税法》"工资、薪金所得"项目的费用扣除标准确定。投资者的工资不得在税前扣除。

投资者兴办两个或两个以上企业的，其费用扣除标准由投资者选择在其中一个企业的生产经营所得中扣除。

本条规定的意义是：投资者的工资、薪金收入不再按照工资、薪金的规定单独征税，而是将其中的生产、经营所得一并计算，但可按照工资、薪金征税的规定计算扣除相应的费用。**相应费用的扣除**，是指省、自治区、直辖市地方税务局规定允许扣除的投资者个人的费用。如各省、自治区、直辖市地方税务局未作规定的，不得扣除。

（2）企业从业人员的工资支出按标准**在税前扣除**，具体标准由各省、自治区、直辖市地方税务局参照企业所得税计税工资标准确定。

（3）投资者及其家庭发生的生活费用**不允许在税前扣除**。投资者及其家庭发生的生活费用与企业生产经营费用混合在一起，并且难以划分的，全部视为投资者个人及其家庭发生的生活费用，不允许在税前扣除。

（4）企业生产经营和投资者及其家庭生活共用的固定资产，难以划分的，由**主管税务机关**根据企业的生产经营类型、规模等具体情况，核定准予在税前扣除的折旧费用的数额或比例。

（5）企业实际发生的工会经费、职工福利费、职工教育经费分别在其计税工资总额的2%、14%、1.5%的标准内据实扣除。

（6）企业每一纳税年度发生的广告和业务**宣传费**用不超过当年销售（营业）收入2%的部分，可据实扣除；超过部分可无限期向以后纳税年度结转。

（7）企业每一纳税年度发生的与其生产经营业务直接相关的**业务招待费**，在以下规定比例范围内，可据实扣除：全年销售（营业）收入净额在1500万元及1500万元以下的，不超过销售（营业）收入净额的50‰；全年销售（营业）收入净额超过1500万元的，不超过该部分的3‰。

（8）计提的各种准备金不得扣除。

（9）企业与其关联企业之间的业务往来，应当按照独立企业之间的业务往来收取或者支付价款、费用。不按照独立企业之间的业务往来收取或者支付价款、费用，而减少其应纳税所得额的，主管税务机关有权进行合理调整。

所称关联企业，其认定条件及税务机关调整其价款、费用的方法，按照《税收征收管理法》及其实施细则的有关规定执行。

（10）投资者兴办两个或两个以上企业应纳税额的计算方法。

应纳税额的具体计算方法为：汇总其投资兴办的所有企业的经营所得作为应纳税所得额，以此确定适用税率，计算出全年经营所得的应纳税额，再根据每个企业的经营所得占所有企业经营所得的比例，分别计算出每个企业的应纳税额和应补缴税额。计算公式如下：

$$应纳税所得额 = \sum 各个企业的经营所得$$

$$应纳税额 = 应纳税所得额 \times 税率 - 速算扣除数$$

$$本企业应纳税额 = 应纳税额 \times 本企业的经营所得 / \sum 各个企业的经营所得$$

$$本企业应补缴的税额 = 本企业应纳税额 - 本企业预缴的税额$$

184 个人独资企业和合伙企业有关亏损弥补有何规定？

（1）企业的年度亏损，允许用本企业下一年度的生产经营所得弥补，下一年度所得不足弥补的，允许逐年延续弥补，但最长不得超过五年。

（2）投资者兴办两个或两个以上企业的，企业的年度经营亏损不能跨企业弥补。

（3）实行查账征税方式的个人独资企业和合伙企业改为核定征税方式后，在查账征税方式下认定的年度经营亏损未弥补完的部分，不得再继续弥补。

185 个人独资企业和合伙企业境外所得和清算所得缴纳个人所得税有何规定？

（1）投资者来源于中国境外的生产经营所得，已在境外缴纳所得税的，可以按照《个人所得税法》的有关规定计算扣除已在境外缴纳的所得税。

（2）企业进行清算时，投资者应当在注销工商登记之前，向主管税务机关结清有关税务事宜。企业的清算所得应当视为年度生产经营所得，由投资者依法缴纳个人所得税。

清算所得是指企业清算时的全部资产或者财产的公允价值扣除各项清算费用、损失、负债以及年度留存的利润后，超过实缴资本的部分。

186 个人独资企业和合伙企业对外投资分回的利息或者股息、红利缴纳个人所得税有何规定？

个人独资企业和合伙企业对外投资分回的利息或者股息、红利，不并入企业的收入，而应单独作为投资者个人取得的利息、股息、红利所得，按"利息、股息、红利所得"应税项目计算缴纳个人所得税。以合伙企业名义对外投资分配利息或者股息、红利的，应按比例确定各个投资者的利息、股息、红利所得，分别按"利息、股息、红利所得"应税项目计算缴纳个人所得税。

187 个人独资企业和合伙企业为个人家庭成员的消费性支出或出借资金如何做税务处理？

根据财税〔2003〕158 号文规定，对个人投资者征收个人所得税的有关处理如下所示内容。

（1）关于个人投资者以企业（包括个人独资企业、合伙企业和其他企业）资金为本人家庭成员及其相关人员支付消费性支出及购买家庭财产的处理问题。

个人独资企业、合伙企业的个人投资者以企业资金为本人、家庭成员及其相关人员支付与企业生产经营无关的消费性支出及购买汽车、住房等财产性支出，视为企业对个人投资者利润分配，并入投资者个人的生产经营所得，依照"个体工商户的生产经营所得"项目计征个人所得税。

除个人独资企业、合伙企业以外的其他企业的个人投资者，以企业资金为本人、家庭成员及其相关人员支付与企业生产经营无关的消费性支出及购买汽车、住房等财产性支出，视为企业对个人投资者的红利分配，依照"利息、股息、红利所得"项目计征个人所得税。

企业的上述支出不允许在所得税前扣除。

（2）关于个人投资者从其投资的企业（个人独资企业、合伙企业除外）借款长期不还的处理问题。

纳税年度内个人投资者从其投资企业（个人独资企业、合伙企业除外）借款在该纳税年度终了后既不归还，又未用于企业生产经营的，其未归还的借款可视为企业对个人投资者的红利分配，依照"利息、股息、红利所得"项目计征个人所得税。

《国家税务总局关于进一步加强对高收入者个人所得税征收管理的通知》（国税发〔2001〕57号）中关于对私营有限责任公司的企业所得税后剩余利润，不分配、不投资、挂账达一年的，从挂账的第二年起，依照投资者（股东）出资比例计算分配征收个人所得税的规定，自2003年7月11日起停止执行。

（188）核定征收方式征收个人所得税的范围是什么？

有下列情形之一的，主管税务机关应采取核定征收方式征收个人所得税：

（1）企业依照国家有关规定应当设置但未设置账簿的；

（2）企业虽设置账簿，但账目混乱或者成本资料、收入凭证、费用凭证残缺不全，难以查账的；

（3）纳税人发生纳税义务，未按照规定的期限办理纳税申报，经税务机关责令限期申报，逾期仍不申报的。

189 核定征收个人所得税如何计算？

核定征收方式，包括定额征收、核定应税所得率征收以及其他合理的征收方式。

实行核定应税所得率征收方式的，应纳所得税的计算公式如下：

$$应纳所得税额＝应纳税所得额 \times 适用税率$$

$$应纳税所得额＝收入总额 \times 应税所得率$$

$$或：成本费用支出额 / （1－应税所得率）\times 应税所得率$$

企业经营多业的，无论其经营项目是否单独核算，均应根据其主营项目确定其适用的应税所得率。

190 对个人独资企业和合伙企业征个税时有什么税收优惠？

残疾人员投资兴办或参与投资兴办个人独资企业和合伙企业的，残疾人员取得的生产经营所得，符合各省、自治区、直辖市人民政府规定的减征个人所得税条件的，经本人申请、主管税务机关审核批准，可按各省、自治区、直辖市人民政府规定减征的范围和幅度，减征个人所得税。

实行核定征税的投资者，不能享受个人所得税的优惠政策。

(191) 对个人独资企业和合伙企业投资者征个税的申报缴纳期限、地点有什么规定？如何计算？

投资者的个人所得税征收管理工作由地方税务局负责。个人所得税征收管理的其他事项，依照《税收征管法》《个人所得税法》的有关规定执行。

（一）申报缴纳期限

（1）投资者应纳的个人所得税税款，按年计算，分月或者分季预缴，由投资者在每月或者每季度终了后 15 日内预缴，年度终了后三个月内汇算清缴，多退少补。

（2）企业在年度中间合并、分立、终止时，投资者应当在停止生产经营之日起 60 日内，向主管税务机关办理当期个人所得税汇算清缴。

（3）企业在纳税年度的中间开业，或者由于合并、关闭等原因，使该纳税年度的实际经营期不足 12 个月的，应当以其实际经营期为一个纳税年度。

（4）投资者在预缴个人所得税时，应向主管税务机关报送《个人独资企业和合伙企业投资者个人所得税申报表》，并附送会计报表。

（5）年度终了后 30 日内，投资者应向主管税务机关报送《个人独资企业和合伙企业投资者个人所得税申报表》，并附送年度会计决算报表和预缴个人所得税纳税凭证。

（6）投资者兴办两个或两个以上企业的，向企业实际经营管理所在地主管税务机关办理年度纳税申报时，应附注从其他企业取得的年度应纳税所得额；其中含有合伙企业的，应报送汇总从所有企业取得的所得情况的《合伙企业投资者个人所得税汇总申报表》，同时附送所有企业的年度会计决算报表和当年度已缴个人所得税纳税凭证。

（二）纳税地点

投资者应向企业实际经营管理所在地主管税务机关申报缴纳个人所得税。投资者从合伙企业取得的生产经营所得，由合伙企业向企业实际经营管理所在地主管税务机关申报缴纳投资者应纳的个人所得税，并将个人所得税申报表抄送投资者。

投资者兴办两个或两个以上企业的，应分别向企业实际经营管理所在地主管税务机关预缴税款。年度终了后办理汇算清缴时，区别不同情况分别处理。

（1）投资者兴办的企业全部是**个人独资**性质的。分别向各企业的实际经营管理所在地主管税务机关办理年度纳税申报；并依所有企业的经营所得总额确定适用税率，以本企业的经营所得为基础，计算应缴税款，办理汇算清缴。

应纳税款的具体计算方法为：汇总其投资兴办的所有企业的经营所得的应纳税所得额，以此确定适用税率，计算出全年经营所得的应纳税额，再根据每个企业的经营所得占所有企业经营所得的比例，分别计算出每个企业的应纳税额和应补缴税额。计算公式为：

公式1：**应纳税所得额 ＝ $\Sum$各个企业的经营所得**

公式2：**应纳税额 ＝ 应纳税所得额 × 税率 － 速算扣除数**

公式3：**本企业应纳税额 ＝ 应纳税额 × 本企业的经营所得 ／ $\Sum$各个企业的经营所得**

公式4：**本企业应补缴的税额 ＝ 本企业应纳税额 － 本企业预缴的税额**

（2）投资者兴办的企业中含有**合伙**性质的，投资者应向经常居住地主管税务机关申报纳税，办理汇算清缴，但经常居住地与其兴办企业的经营管理所在地不一致的，应选定其参与兴办的某一合伙企业的经营管理所在地为办理年度汇算清缴所在地，并在五年内不得变更。五年后需要变更的，须经原主管税务机关批准。

192 代扣缴个人所得税报告表如何填报？

代扣缴个人所得税报告表如表 6-1 所示。

表 6-1　代扣缴个人所得税报告表

代扣缴义务人编码：

代扣缴义务人名称（公章）：　　　　　　　　填表日期：　年　月　日

序号	纳税人姓名	身份证件号码	国籍	所得项目	所得期间	收入额	免税	允许扣除的税费	费用扣除标准	准予扣除的捐赠额	应纳税所得额	税率%	速算	应扣税额	已扣税额	备注
合计																

扣缴义务人声明：

会计主管签字：　　　　负责人签字：　　　　扣缴单位（或法定代表人）（签章）：

受理人（签章）：　　　受理日期：年月日　　受理税务机关（章）：

国家税务总局监制

本表一式二份，一份扣缴义务人留存，一份报主管税务机关。

⑲ 个人出售住房缴纳个人所得税有哪些基本规定？

依据《个人所得税法》及其实施条例规定，个人转让住房，以其转让收入额减除财产原值和合理费用后的余额为应纳税所得额，按照"财产转让所得"项目缴纳个人所得税。**财产转让所得**，是指个人转让有价证券、股权、建筑物、土地使用权、机器设备、车船以及其他财产取得的所得。对个人取得的各项财产转让所得，除股票转让所得外，都要征收个人所得税。

（1）应纳税所得额的确定

财产转让所得以个人每次转让财产取得的收入额减除财产原值和相关税、费后的余额为应纳税所得额。其中，"每次"是指以一件财产的所有权一次转让取得的收入为一次。

（2）应纳税额的计算方法

财产转让所得适用 20% 的比例税率。其应纳税额的计算公式为：

应纳税额＝应纳税所得额 × 适用税率

⑲ 个人出售住房应纳个人所得税的纳税所得额的扣除项目有什么具体规定？

在计算个人出售住房应该缴纳的个人所得税时，最关键就是确认转让收入和可以扣除的成本、费用，依据国家税务总局制定的《关于个人住房转让所得征收个人所得税有关问题的通知》规定如下所示内容。

（1）对住房转让所得征收个人所得税时，以实际成交价格为转让收入。纳税人申报的住房成交价格明显低于市场价格且无正当理由的，征收机关依法有权根据有关信息核定其转让收入，但必须保证各税种计税价格一致。

（2）对转让住房收入计算个人所得税应纳税所得额时，纳税人可凭原购房合同、发票等有效凭证，经税务机关审核后，允许从其转让收入中减除房屋原值、转让住房过程中缴纳的税金及有关合理费用。

① 房屋原值具体为以下内容。

a. **商品房**：购置该房屋时实际支付的房价款及交纳的相关税费。

b. **自建住房**：实际发生的建造费用及建造和取得产权时实际交纳的相关税费。

c. **经济适用房**（含集资合作建房、安居工程住房）：原购房人实际支付的房价款及相关税费，以及按规定交纳的土地出让金。

d. **已购公有住房**：原购公有住房标准面积按当地经济适用房价格计算的房价款，加上原购公有住房超标准面积实际支付的房价款以及按规定向财政部门（或原产权单位）交纳的所得收益及相关税费。

已购公有住房是指城镇职工根据国家和县级（含县级）以上人民政府有关城镇住房制度改革政策规定，按照成本价（或标准价）购买的公有住房。

经济适用房价格按县级（含县级）以上地方人民政府规定的标准确定。

依据北京市地方税务局《转发国家税务总局关于个人住房转让所得征收个人所得税有关问题的通知》的规定："个人出售已购公有住房，确定房屋原值时按经济适用房基准价格每建筑平方米4000元标准执行。"

e. **城镇拆迁安置住房**：根据《城市房屋拆迁管理条例》（国务院令第305号）和《建设部关于印发〈城市房屋拆迁估价指导意见〉的通知》（建住房〔2003〕234号）等有关规定，其原值分别为：

房屋拆迁取得货币补偿后购置房屋的，为购置该房屋实际支付的房价款及交纳的相关税费；

房屋拆迁采取产权调换方式的，所调换房屋原值为《房屋拆迁补偿安置协议》注明的价款及交纳的相关税费；

房屋拆迁采取产权调换方式，被拆迁人除取得所调换房屋，又取得部分货币补偿的，所调换房屋原值为《房屋拆迁补偿安置协议》注明的价款和交纳的相关税费，减去货币补偿后的余额；

房屋拆迁采取产权调换方式，被拆迁人取得所调换房屋，又支付部分货币的，所调换房屋原值为《房屋拆迁补偿安置协议》注明的价款，加上所支付的货币及交纳的相关税费。

② **转让住房过程中缴纳的税金**是指：纳税人在转让住房时实际缴纳的城市维护建设税、教育费附加、土地增值税、印花税等税金。

③ **合理费用**是指：纳税人按照规定实际支付的住房装修费用、住房贷款利息、手续费、公证费等费用。

a. **支付的住房装修费用**。纳税人能提供实际支付装修费用的税务统一发票，并且发票上所列付款人姓名与转让房屋产权人一致的，经税务机关审核，其转让的住房在转让前实际发生的装修费用，可在以下规定比例内扣除。

已购公有住房、经济适用房：最高扣除限额为房屋原值的 15%；

商品房及其他住房：最高扣除限额为房屋原值的 10%。

纳税人原购房为装修房，即合同注明房价款中含有装修费（铺装了地板，装配了洁具、厨具等）的，不得再重复扣除装修费用。

b. **支付的住房贷款利息**。纳税人出售以按揭贷款方式购置的住房的，其向贷款银行实际支付的住房贷款利息，凭贷款银行出具的有效证明据实扣除。

c. 纳税人按照有关规定实际支付的**手续费、公证费**等，凭有关部门出具的有效证明据实扣除。

（3）纳税人未提供完整、准确的房屋原值凭证，不能正确计算房屋原值和应纳税额的，税务机关可根据《中华人民共和国税收征收管理法》第35条的规定，对其实行核定征税，即按纳税人住房转让收入的一定比例核定应纳个人所得税额。

具体比例由省级地方税务局或者省级地方税务局授权的地市级地方税务局根据纳税人出售住房的所处区域、地理位置、建造时间、房屋类型、住房平均价格水平等因素，在住房转让收入 1% ~ 3% 的幅度内确定。

在实行核定征税时，各个地方的做法有所不同，依据北京市地方税务局《转发国家税务总局关于个人住房转让所得征收个人所得税有关问题的通知》的规定，"对于纳税人未能提供完整、准确的有关凭证，不能正确计算应纳税额的，可以采取核定征税。核定征收率暂按 1% 执行。"

195 个人出售住房，应纳个人所得税有什么优惠？

各级税务机关要认真落实有关住房转让个人所得税优惠政策。按照《财政部、国家税务总局、建设部关于个人出售住房所得征收个人所得税有关问题的通知》（财税字〔1999〕278 号）的规定：

（1）对出售自有住房并拟在现住房出售一年内按市场价重新购房的纳税人，其出售现住房所缴纳的个人所得税，先以纳税保证金形式缴纳，再视其重新购房的金额与原住房销售额的关系，全部或部分退还纳税保证金；

（2）对个人转让自用五年以上，并且是家庭唯一生活用房取得的所得，免征个人所得税。

196 个人出售住房，应纳个人所得税的缴纳有什么规定？

个人转让住房应缴纳的个人所得税，应与转让环节应缴纳的营业税、契税、土地增值税等税收一并办理；地方税务机关暂没有条件在房地产交易场所设置税收征收窗口的，应委托契税征收部门一并征收个人所得税等税收。

197 个人所得税如何进行纳税筹划？

我国现行的个人所得税将个人的 11 项所得作为课税对象，如工资薪金所得；劳务报酬所得；稿酬所得；财产租赁所得；特许权使用费所得；利息、股息、红利所得；偶然所得等等。这些项目分别规定了不同的费用扣除标准、适用不同的税率和不同的计税方法。这就为纳税人进行纳税筹划提供了潜在的空间。

个人所得税的纳税筹划不能盲目进行，必须遵循一定的思路。根据我国现行个人所得税的相关规定，**个人所得税纳税筹划主要从三个方面去考虑**。

一是充分考虑影响应纳税额的因素。影响个人所得税的应纳税额的因素有两个，即应纳税所得额和税率。因此，要降低税负，无非是运用合理又合法的方法减少应纳税所得额或者降低税率。

二是充分利用不同纳税人的不同纳税义务的规定。根据国际通行的住所标准和时间标准，我国个人所得税的纳税人分为居民纳税人和非居民纳税人。居民纳税人的纳税义务是无限的，就其境内外所得纳税，而非居民纳税人的纳税义务是有限的，只就其境内所得纳税。因此，纳税人身份的不同界定，也为居民提供了纳税筹划的空间。

三是充分利用个人所得税的税收优惠政策。税收优惠是税收制度的基本要素之一，国家为了实现税收调节功能，在税种设计时，一般都有税收优惠条款，纳税人充分利用这些条款，可以达到减轻税负的目的。

个人所得税纳税筹划的具体路径选择有以下四种。

一是个人可以选择不同的所得形式进行纳税筹划。我国现行个人所得税实行分类课征制度，将个人所得分为 11 项分别纳税，这样，当同样一笔收入被归属于不同的所得时，其税收负担是不同的，从而为纳税人进行纳税筹划提供可能性。工资薪金所得与劳务报酬所得在这一方面表现得非常突出。在一定条件下，将工资、薪金所得与劳务报酬所得分开、合并或相互转化，就可以达到节税的目的。

二是通过纳税人身份的合理归属进行纳税筹划。居民可以选择成为非居民纳税人。我国《个人所得税法》将纳税人分为居民纳税人和非居民纳税人。前者纳税义务无限，境内外所得均缴纳个人所得税，后者纳税义务有限，只就其境内所得缴纳个人所得税。因此，纳税人在某些情况下，可以充分利用这一规定，使自己成为非居民纳税人。居民也可以选择成为个体工商业户、个人独资企业、合伙制企业纳税义务人。近年来，个人投资成为人们普遍关注的热门话题。个人可选择的投资方式主要有：建立个人独资企业，组建合伙制企业，设立私营企业，作为个体工商户从事生产经营和承包承组业务。在这几种投资方式中，从 2000 年 1 月 1 日起，个体工商户的生产经营所得、个人独资企业、合伙企业投资者的投资所得缴纳个人所得税，私营企业的生产经营所得缴纳企业所得税。因税率不同，在收入相同的情况下，私营企业的税收负担重于前三者。

三是通过个人所得的均衡分摊或分解进行纳税筹划。个人所得税的计税依据为纳税人取得的应纳税所得额，即纳税人取得的收入总额扣除税法规定的费用扣除额后的余额。由于我国的个人所得税实行分项征收制，费用的扣除采用分项确定，分别采取定额、定率和会计核算三种扣除方法，并且每项收入的扣除范围和扣除标准不尽相同，因此其应纳税额自然也就存在差异。在费用扣除方面，同时还规定：两个或两个以上的个人共同取得同一项目的，应当对每个人取得的收入分别按照税法规定减除费用后计算纳税。

四是合理利用税收优惠进行纳税筹划。现行《个人所得税法》规定了一系列的税收优惠政策包括一些减税、免税政策及额外的扣除标准，能否有效利用这些政策，直接关系到个人缴纳税款的多少。从目前税收政策分析看，可利用来进行纳税筹划的政策主要有：利用利息、股息、红利所得的税收优惠进行纳税筹划；利用捐赠的税收优惠进行纳税筹划等方式。

第七章 房产税

[**本章导读**]

　　房产税是以房屋为征税对象，按房屋的计税余值或租金收入为计税依据，向产权所有人征收的一种财产税。这里的房屋主要指用于经营或出租的房屋，一般居民用于自住的房屋不在此列。在本章的学习之中，我们将重点学习以下几个方面的内容。

　　第一，房产税是一种什么税？

　　第二，哪些房屋需要缴纳房产税？

　　第三，哪些人需要缴纳房产税？

　　第四，房产税税率有多高？

　　第五，房产税的计税依据如何确认？

　　第六，如何计算房产税的应纳税额？

　　第七，房产税有哪些优惠政策？

　　第八，如何办理房产税的申报与缴纳？

198 什么是房产税？

房产税是以房屋为征税对象，按房屋的计税余值或租金收入为计税依据，向产权所有人征收的一种财产税。

所谓房产，是以房屋形态表现的财产。房屋则是指有屋面和围护结构（有墙或两边有柱），能够遮风避雨，可供人们在其中生产、工作、学习、娱乐、居住或储藏物资的场所。至于那些独立于房屋之外的建筑物，如围墙、烟囱、水塔、变电塔、油池油柜、酒窖菜窖、酒精池、糖蜜池、室外游泳池、玻璃暖房、砖瓦石灰窑以及各种油气罐等，则不属于房产。

199 房产税有什么特点？

（1）房产税的**征税对象**只是房屋，它属于财产税中的个别财产税。

（2）房产税的**征税范围**限于城镇的经营性房屋。

（3）房产税按照房屋的经营使用方式不同，规定了不同的**征税办法**。

200 房产税的征税范围是什么？

《房产税暂行条例》规定，房产税在城市、县城、建制镇和工矿区征收。也就是讲，房产税的征税范围是位于以上地区的房屋。其中：

（1）**城市**是指经国务院批准设立的市。城市的征税范围为市区、郊区和市辖县县城，不包括农村；

（2）**县城**是指未设立建制镇的县人民政府所在地；

（3）**建制镇**是指经省、自治区、直辖市人民政府批准设立的建制镇。建制镇的征税范围为镇人民政府所在地，不包括所辖的行政村；

（4）**工矿区**是指工商业比较发达，人口比较集中，符合国务院规定的建制镇标准，但尚未设立镇建制的大中型工矿企业所在地。开征房产税的工矿区须经省、自治区、直辖市人民政府批准。

⑳ 房产税的纳税人有哪些？

房产税以在征税范围内的**房屋产权所有人**为纳税人。其中：

（1）产权属国家所有的，由经营管理单位纳税；产权属集体和个人所有的，由集体单位和个人纳税；

（2）产权出典的，由承典人纳税；

（3）产权所有人、承典人不在房屋所在地的，由房产代管人或者使用人纳税；

（4）产权未确定及租典纠纷未解决的，也由房产代管人或者使用人纳税；

（5）无租使用其他房产的问题。纳税单位和个人无租使用房产管理部门、免税单位及纳税单位的房产，应由使用人代为缴纳房产税。

⑳ 房产税的计税依据是什么？

房产税采用**从价计征**的征税方式，计税办法分为按**计税余值计税**和按**租金收入计税**两种，因此房产税的计税依据也就包括房产的计税余值和房屋租金两种。

（一）对经营自用的房屋，以房产的计税余值作为计税依据。

所谓计税余值，是指依照税法规定按房产原值一次减除 10% ～ 30% 的损耗价值以后的余额。

（1）房产原值是指纳税人按照会计制度规定，在账簿"固定资产"科目中记载的房屋原价。因此，凡按会计制度规定在账簿中记载有房屋原价的，应以房屋原价按规定减除一定比例后作为房产余值计征房产税；没有记载房屋原价的，按照上述原则，并参照同类房屋，确定房产原值，按规定计征房产税。

（2）房产原值应包括与房屋不可分割的各种附属设备或一般不单独计算价值的配套设施。主要有：暖气、卫生、通风、照明、煤气等设备；各种管线，如蒸气、压缩空气、石油、给水排水等管道及电力、电讯、电缆导线；电梯、升降机、过道、晒台等。属于房屋附属设备的水管、下水道、暖气管、煤气管等应从最近的探视井或三通管起，计算原值；电灯网、照明线从进线盒连接管起，计算原值。

（3）纳税人对原有房屋进行改建、扩建的，要相应增加房屋的原值。

（4）在确定计税余值时，房产原值的具体减除比例，由省、自治区、直辖市人民政府在税法规定的减除幅度内自行确定。这样规定，既有利于各地区根据本地情况，因地制宜地确定计税余值，又有利于平衡各地税收负担，简化计算手续，提高征管效率。

如果纳税人未按会计制度规定记载原值的，在计征房产税时，应按规定调整房产原值；对房产原值明显不合理的，应重新予以评估；对没有房产原值的，应由房屋所在地的税务机关参考同类房屋的价值核定。在原值

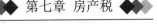

确定后，再根据当地所适用的扣除比例，计算确定房产余值。对于扣除比例，一定要按由省、自治区、直辖市人民政府确定的比例执行。

（二）对于出租的房屋，以租金收入为计税依据。

房产的租金收入，是房屋产权所有人出租房产使用权所取得的报酬，包括货币收入和实物收入。对以劳务或其他形式作为报酬抵付房租收入的，应根据当地同类房产的租金水平，确定一个标准租金额，依率计征。

如果纳税人对个人出租房屋的租金收入申报不实或申报数与同一地段同类房屋的租金收入相比明显不合理的，税务部门可以按照《税收征管法》的有关规定，采取科学合理的方法核定其应纳税款。具体办法由各省、自治区、直辖市地方税务机关结合当地实际情况制定。

（三）投资联营及融资租赁房产的计税依据。

（1）对投资联营的房产，在计征房产税时应予以区别对待。对于以房产投资联营，投资者参与投资利润分红，共担风险的，按房产的余值作为计税依据计征房产税；对以房产投资，收取固定收入，不承担联营风险的，实际是以联营名义取得房产租金，应根据暂行条例的有关规定由出租方按租金收入计算缴纳房产税。

（2）对融资租赁房屋的情况，由于租赁费包括购进房屋的价款、手续费、借款利息等，与一般房屋出租的"租金"内涵不同，且租赁期满后，当承租方偿还最后一笔租赁费时，房屋产权一般都转移到承租方，实际上是一种变相的分期付款购买固定资产的形式，所以在计征房产税时应以房产余值计算征收。至于租赁期内房产税的纳税人，由当地税务机关根据实际情况确定。

203 房产税的税率有何规定？

房产税采用比例税率，根据房产税的计税依据分为两种：

（1）依据房产计税余值计税的，税率为 1.2%；

（2）依据房产租金收入计税的，税率为 12%。从 2001 年 1 月 1 日起，对个人按市场价格出租的居民住房，其应缴纳的房产税暂减按 4% 的税率征收。

204 房产税有什么减免税优惠？

依据《房产税暂行条例》及有关规定，目前房产税的减免税优惠主要有以下几项。

（1）国家机关、人民团体、军队自用的房产。

（2）国家财政部门拨付事业经费的单位自用的房产。

（3）宗教寺庙、公园、名胜古迹自用的房产。

① 宗教寺庙自用的房产，是指举行宗教仪式等的房屋和宗教人员使用的生活用房屋。

② 公园、名胜古迹自用的房产，是指供公共参观游览的房屋及其管理单位的办公用房屋。公园、名胜古迹中附设的营业单位，如影剧院、饮食部、茶社、照相馆等所使用的房产及出租的房产，应征收房产税。

对国家机关、人民团体、军队、国家财政部门拨付事业经费的单位，以及宗教寺庙、公园、名胜古迹自用的房产免征房产税，但这些单位非自用的房产，例如出租或作营业用的，因为已有收入来源和纳税能力，所以应按照规定征收房产税。

（4）个人拥有的非营业用的房产。

对个人所有的非营业用房产给予免税，主要是为了照顾我国城镇居民目前住房的实际状况，鼓励个人建房、购房，改善住房条件，配合城市住房制度的改革。但是，对个人所有的营业用房或出租等非自用的房产，应按照规定征收房产税。

（5）经财政部批准免税的其他房产。

根据原财政部和税务总局关于房产税若干具体问题的解释和暂行规定，下列房产可免征房产税。

① 企业办的各类学校、医院、托儿所、幼儿园自用的房产，可以比照由国家财政部门拨付事业经费的单位自用的房产，免征房产税。

② 经有关部门鉴定，对毁损不堪居住的房屋和危险房屋，在停止使用后，可免征房产税。

③ 凡是在基建工地为基建工地服务的各种工棚、材料棚、休息棚和办公室、食堂、茶炉房、汽车房等临时性房屋，不论是施工企业自行建造还是由基建单位出资建造，交施工企业使用的，在施工期间，一律免征房产税。但是，如果在基建工程结束以后，施工企业将这种临时性房屋交还或者估价转让给基建单位的，应当从基建单位接收的次月起，依照规定征收房产税。

④ 房屋大修停用在半年以上的，经纳税人申请，税务机关审核，在大修期间可免征房产税。

⑤ 纳税单位与免税单位共同使用的房屋，按各自使用的部分划分，分别征收或免征房产税。

⑥ 为鼓励利用地下人防设施，地下人防设施的房屋暂不征收房产税。

（6）老年服务机构自用的房产。

老年服务机构是指专门为老年人提供生活照料、文化、护理、健身等多方面服务的福利性、非营利性的机构，主要包括老年社会福利院、敬老院（养老院）、老年服务中心、老年公寓（含老年护理院、康复中心、托老所）等。

（7）从 2001 年 1 月 1 日起，对按政府规定价格出租的公有住房和廉租住房，包括企业和自收自支事业单位向职工出租的单位自有住房；房管部门向居民出租的公有住房；落实私房政策中带户发还产权并以政府规定租金标准向居民出租的私有住房等，暂免征收房产税。

（8）对邮政部门坐落在城市、县城、建制镇、工矿区范围内的房产，应当依法征收房产税；对坐落在城市、县城、建制镇、工矿区范围以外的，尚在县邮政局内核算的房产，在单位财务账中划分清楚的，从 2000 年 1 月 1 日起不再征收房产税。

（9）房地产开发企业开发的商品房在出售前，对房地产开发企业而言是一种产品，因此，对房地产开发企业建造的商品房，在出售前不征收房产税。但对出售前房地产开发企业已使用或出租、出借的商品房应按规定征收房产税。

⑳⑤ 房产税如何计算？

房产税应纳税额的计算公式为：

应纳税额＝房产计税余值（或租金收入）× 适用税率

其中：房产计税余值＝房产原值 × （1 －原值减除率）

[案例分析]

A 市一企业 2008 年度自有房屋十栋，其中八栋用于经营生产，房产原值 1000 万元，不包括冷暖通风设备 60 万元；两栋房屋租给某公司作经营用房，年租金收入 50 万元。试计算该企业当年应纳的房产税。（注：该省规定按房产原值一次扣除 20% 后的余值计税）

分析与计算：

（1）自用房产应纳税额 =［（1000 ＋ 60）×（1 － 20%）]×1.2% = 10.176（万元）

（2）租金收入应纳税额 = 50×12% = 6（万元）

（3）全年应纳房产税额 = 10.176 ＋ 6 = 16.176（万元）

⑳⑥ 房产税的计税时间有何规定？

（1）将原有房产用于生产经营，从生产经营之月起，计征房产税。

（2）自建的房屋用于生产经营的，自建成之日的次月起，计征房产税。

（3）委托施工企业建设的房屋，从办理验收手续之日的次月起，计征房产税。对于在办理验收手续前已使用或出租、出借的新建房屋，应从使用或出租、出借的当月起按规定计征房产税。

（4）购置新建商品房，自房屋交付使用之次月起计征房产税。

（5）购置存量房，自办理房屋权属转移、变更登记手续，房地产权属登记机关签发房屋权属证书之次月起计征房产税。

（6）出租、出借房产，自交付出租、出借房产之次月起计征房产税。

（7）房地产开发企业自用、出租、出借本企业建造的商品房，自房屋使用或交付之次日起计征房产税。

(207) 房产税的纳税期限、纳税地点是什么？如何申报？

房产税实行**按年征收，分期缴纳**，纳税期限由省、自治区、直辖市人民政府规定。各地一般按季或半年预征。

房产税在房产所在地缴纳。房产不在同一地方的纳税人，应按房产的坐落地点分别向房产所在地的税务机关缴纳。

房产税纳税义务人应根据税法要求，将现有房屋的坐落地点、结构、面积、原值、出租收入等情况，据实向当地税务机关办理纳税申报，并按规定纳税。如果纳税人住址发生变更、产权发生转移，以及出现新建、改建、扩建、拆除房屋等情况，而引起房产原值发生变化或者租金收入变化的，都要按规定及时向税务机关办理变更登记，以便税务机关及时掌握纳税人的房产变动情况。

(208) 房产税纳税申报表如何填报？

房产税纳税申报表如表 7-1 所示。

表 7-1　房产税纳税申报表

税款所属时期：　年　月　日 至　年　月　日

纳税人名称			电话	
房产登记编码	纳税所属税务机关	身份证号码（个人）组织机构代码（单位）		
房产地址	房屋名称（楼号、栋号、房号）	房产用途	房产原值	计税余值	适用税率	年应缴纳税额	本期应缴税额	本期减免税额	本期实缴税额
合计									

申报人声明：本人对所提交的文件，证件以及填写内容的真实性、有效性和合法性承担责任，如有虚假内容，申报人依法承担相关责任。
法定代表人（自然人申报人）签名（盖章）：
　年　月　日

授权人声明：现授权 为本次申报事项的代理人，其法人代表人本次申报事项的代理人。委托代理合同编号；
授权人（法定代表人，自然人申报人）签名（盖章）：
　年　月　日

代理人声明：为本申报人本次申报事项的代理人。电话
若采取邮寄方式送达申报有关文件，请寄给下列收件人：口申报人；口代理人。
代理人（法定代表人，自然人申报人）签名（盖章）：
　年　月　日

本申报事项根据国家税收法律法规及国家税务总局的有关规定填报，如有虚假内容，代理人依法承担相关责任。
代理人（法定代表人，自然人申报人）签名（盖章）：
　年　月　日

特别声明：本人同意按照税务机关登记的本申报人的房地产信息申报纳税。
法定代表人（自然人申报人）签名（盖章）：
　年　月　日

受理税务机关（章）：　　　受理人：　　　受理录入人：

受理录入人日期：

207

第八章　印花税

[**本章导读**]

印花税是对经济活动和经济交往中书立、领受的应税经济凭证所征收的一种税。它最大的作用可以保证国家通过贴花的金额了解经济活动的总量。在本章的学习之中，我们将重点学习以下几个方面的内容。

第一，印花税是一种什么税？

第二，哪些经济凭证需要缴纳印花税？

第三，哪些人需要缴纳印花税？

第四，印花税税率有多高？

第五，印花税的计税依据如何确认？

第六，如何计算印花税的应纳税额？

第七，印花税有哪些优惠政策？

第八，如何办理印花税的申报与缴纳？

(209) 什么是印花税？

印花税是对经济活动和经济交往中书立、领受的应税经济凭证所征收的一种税。因纳税人主要是通过在应税凭证上粘贴印花税票来完成纳税义务，故名印花税。

(210) 印花税有什么特点？

同其他的税种相比较，印花税不论是在性质上，还是在征税方法方面，都具有不同于其他税种的特点。

（1）**兼有凭证税和行为税性质**。印花税是对单位和个人书立、领受的应税凭证征收的一种税，具有凭证税性质。任何一种应税经济凭证反映的都是某种特定的经济行为，因此，对凭证征税，实质上是对经济行为的课税。

（2）**征税范围广泛**。印花税的征税对象包括了经济活动和经济交往中的各种应税凭证，凡书立和领受这些凭证的单位和个人都要缴纳印花税，其征税范围是极其广泛的。

（3）**税收负担比较轻**。印花税与其他税种相比较，税率要低得多，其税负较轻，具有广集资金、积少成多的财政效应。

（4）**由纳税人自行完成纳税义务**。纳税人通过自行计算、购买并粘贴印花税票的方法完成纳税义务，并在印花税票和凭证的骑缝处自行盖戳注销或画销。

㉑ 什么是印花税票？如何鉴别和代售？

（一）什么是印花税票

印花税票是缴纳印花税的完税凭证，由国家税务总局负责监制。其票面金额以人民币为，单位分为壹角、贰角、五角、壹元、贰元、伍元、拾元、伍拾元、壹佰元九种。缴纳印花税时，按照规定的应纳税额，购贴相同金额的印花税票，凭以完税。

（二）印花税票的鉴别

印花税票为**有价证券**，各地税务机关应按照国家税务总局的管理办法严格管理。新版印花税票采用以下防伪措施：一是全部采用防伪纤维纸印制；二是图案右下方采用有色荧光油墨套印机徽（在紫光灯下显绿色）；三是图案左下方刮有镂空篆体"税"字；四是四角边孔采用"十"字异型孔。

（三）印花税票的代售

印花税票可以委托单位或个人代售，并由税务机关付给5%的手续费，支付来源从实征印花税款中提取。税务机关和代售单位应共同做好代售印花税票的工作。

（1）订立代售合同。凡代售印花税票者，应先向当地税务机关提出代售申请，必要时须提供保证人。税务机关调查核准后，应与代售户签订代售合同，发给代售许可证。代售单位要指定专人负责办理印花税票的领、售、存和交款等项代售业务。代售户所领印花税票，除合同另有规定者外，不得转让他人转至其他地区销售。

（2）税务机关要对代售单位的存花规定限额，代售单位领花要根据售花情况填写代售印花请领单，经税务机关核准后领取。

（3）代售单位所售印花税票取得的税款，须专户存储，并按照规定的期限，向当地税务机关结报，或者填开专用缴款书直接向银行缴纳。不得逾期不缴或者挪作他用。代售户领有的印花税票及所售印花税票的税款，如有损失，应负责赔偿。

（4）代售户要建立印花税票领、售、存情况的登记、清点、检查制度。

212 印花税的征税范围是什么？

现行印花税只对印花税条例列举的凭证征收，没有列举的凭证不征税。列举正式的凭证分为五类，即经济合同、产权转移书据、营业账簿、权利、许可证照和经财政部门确认的其他凭证。印花税具体的征税范围如下所示。

（一）经济合同

合同是指当事人之间为实现一定目的，经协商一致，明确当事人各方权利、义务关系的协议。以经济业务活动作为内容的合同，通常称为经济合同。

我国印花税对依法订立的经济合同书征收，印花税税目中的合同比照我国《经济合同法》对经济合同的分类，在税目税率表中列举了十大类合同。

（1）**购销合同**。包括供应、预购、采购、购销结合及协作、调剂、补偿、易货等合同；还包括各出版单位与发行单位（不包括订阅单位和个人）之间订立的图书、报刊、音像征订凭证。

（2）**加工承揽合同**。包括加工、定做、修缮、修理、印刷、广告、测绘、测试等合同。

（3）**建设工程勘察设计合同**。包括勘察、设计合同的息包合同、分包合同和转包合同。

（4）**建筑安装工程承包合同**。包括建筑、安装工程承包合同的总包合同、分包合同和转包合同。

（5）**财产租赁合同**。包括租赁房屋、船舶、飞机、机动车辆、机械、器具、设备等合同；还包括企业、个人出租门店、柜台等所签订的合同，但不包括企业与主管部门签订的租赁承包合同。

（6）**货物运输合同**。包括民用航空、铁路运输、海上运输、内河运输、公路运输和联运合同。

（7）**仓储保管合同**。包括仓储、保管合同或作为合同使用的仓单、栈单（或称入库单）。对某些使用不规范的凭证不便计税的，可就其结算单据作为计税贴花的凭证。

（8）**借款合同**。包括银行及其他金融组织和借款人（不包括银行同业拆借）所签订的借款合同。

（9）**财产保险合同**。包括财产、责任、保证、信用等保险合同。

（10）**技术合同**。包括技术开发、转让、咨询、服务等合同。

此外，在确定应税经济合同的范围时，特别需要**注意以下三个问题**。

（1）有合同性质的凭证应视同合同征税。

所谓具有合同性质的凭证，是指具有合同效力的协议、契约、合约、单据、确认书及其他各种名称的凭证。它们从属于以上十个合同税目的分类，而非独立列举的征税类别。

（2）未按期兑现合同也应贴花。

印花说既是凭证税，又具有行为税性质。纳税人签订应税合同，就发主了应税经济行为，必须依法贴花，履行完税手续。所以，不论合同是否兑现或能否按期兑现，都应当缴纳印花税。

（3）同时书立合同和开立单据的贴花方法。

办理一项业务（如货物运输、仓储保管、财产保险、银行借款等），如果既书立合同，又开立单据，只就合同贴花；凡不书立合同，只开立单据，以单据作为合同适用的，其适用的单据应按规定贴花。

（二）产权转移书据

产权转移即财产权利关系的变更行为，表现为产权主体发生变更。产权转移书据是在产权买卖、交换、继承、赠予、分割等产权主体变更过程中，由产权出让人与受让人之间所订立的民事法律文书。

我国印花税税目中的产权转移书据包括财产所有权、版权、商标专用权、专利权、专有技术使用权共五项产权的转移书据。

（三）营业账簿

印花税税目中的营业账簿归属于财务会计账簿，是按照财务会计制度的要求设置的，反映生产经营活动的账册。按照营业账簿反映的内容不同，在税目中分为：记载资金的账簿（简称资金账簿）和其他营业账簿两类，以便于分别采用按金额计税和按件计税两种计税方法。

（1）**资金账簿**。是反映生产经营单位"实收资本"和"资本公积"金额增减变化的账簿。

（2）**其他营业账簿**。是反映除资金资产以外的其他生产经营活动内容的账簿，即除资金账簿以外的，归属于财务会计体系的生产经营用账册。

（四）权利、许可证照

权利、许可证照是政府授予单位、个人某种法定权利和准予从事特定经济活动的各种证照的统称。包括政府部门发给的房屋产权证、工商营业执照、商标注册证、专利证、土地使用证等。

（五）经财政部门确定征税的其他凭证

除了税法列举的以上五大类应税经济凭证之外，在确定经济凭证的征免税范围时，需要注意以下三点。

（1）由于目前同一性质的凭证名称各异，不够统一，因此，各类凭证不论以何种形式或名称书立，只要其性质属于条例中列举征税范围内的凭证，均应照章征税。

（2）应税凭证均应指在中国境内具有法律效力，受中国法律保护的凭证。

（3）适用于中国境内，并在中国境内具备法律效力的应税凭证，无论在中国境内或者境外书立，均应依照印花税的规定贴花。

㉑㉓ 印花税的纳税人有哪些？

凡在我国境内书立、领受属于征税范围内所列凭证的单位和个人，都是印花税的纳税义务人。包括各类企业、事业、机关、团体、部队，以及中外合资经营企业、合作经营企业、外资企业、外国公司企业和其他经济组织及其在华机构等单位和个人。按照征税项目划分的具体纳税人是以下几类。

（1）**立合同人。**书立各类经济合同的，以立合同人为纳税人。所谓立合同人，是指合同的当事人。当事人在两方或两方以上的，各方均为纳税人。

（2）**立账簿人。**建立营业账簿的，以立账簿人为纳税人。

（3）**立据人。**订立各种财产转移书据的，以立据人为纳税人。如立据人未贴印花或少贴印花，书据的持有人应负责贴印花。所立书据以合同方式签订的，应由持有书据的各方分别按全额贴花。

（4）**领受人**。领取权利许可证照的，以领受人为纳税人。对于同一凭证，如果由两方或者两方以上当事人签订并各执一份的，各方均为纳税人，应当由各方就所持凭证的各自金额贴花。

⑭ 印花税的征收方法有哪些？从价计税和从量计税的计税依据如何确定？

一、从价计税情况下计税依据的确定

实行从价计税的凭证，以凭证所载金额为计税依据。

（一）各类经济合同，以合同上所记载的金额、收入或费用为计税依据。

（1）购销合同的计税依据为购销余额，不得作任何扣除，特别是调剂合同和易货合同，均应包括调剂、易货的全额。

在商品购销活动中，采用以货换货的方式进行商品交易签订的合同，是反映既购又销双重经济行为的合同。对此，应按合同所载的购、销金额合计数计税贴花。合同未列明金额的，应按合同所载购、销数量，依照国家牌价或市场价格计算应纳税额。

（2）加工承揽合同的计税依据是加工或承揽收入的金额。

对于由受托方提供原材料的加工、定做合同，凡在合同中分别记载加工费金额和原材料金额的，应分别按"加工承揽合同""飞销合同"计税，两项税额相加数，即为合同应贴印花；若合同中未分别记载，则应就全部金额依照加工承揽合同计税贴花。

对于由重托方提供主要材料或原料，受托方只提供辅助材料的加工合同，无论加工费和辅助材料金额是否分别记载，均以辅助材料与加工费的合计数，依照加工承揽合同计税贴花。对委托方提供的主要材料或原料金额不计税贴花。

（3）建设工程勘察设计合同的计税依据为勘察、设计收取的费用（印勘察、设计收入）。

（4）建筑安装运工程承包合同的计税依据为承包金额，不得剔除任何费用。如果施工单位将自己承包的建设项目再分包或转包给其他施工单位，其所签订的分包或转包合同，仍应按所载金额另行贴花。

（5）财产租赁合同的计税依据为租赁金额（即租金收入）。

（6）货物运输合同的计税依据为取得的运输费金额（即运费收入），不包括所运货物的金额，装卸费和保险费等。

对国内各种形式的货物联运，凡在起运地统一结算全程运费的，应以全程运费为计税依据，由起运地运费结算双方缴纳印花税；凡分程结算运费的，应以分程的运费作为计税依据，分别由办理运费结算的各方缴纳印花税。

对国际货运，凡由我国运输企业运输的，运输企业所持的运费结算凭证，以本程运费为计税依据计算应纳税额；托运方所持的运费结算凭证，以全程运费为计税依据计算应纳税额。由外国运输企业运输进出口货物的，运输企业所持的运费结算凭证免纳印花税，托运方所持舶运费结算凭证的，应以运费金额为计税依据缴纳印花税。

（7）仓储保管合同的计税依据为仓储保管的费用（即保管费收入）。

（8）借款合同的计税依据为借款金额。针对实际借贷活动中不同的借款形式，税法规定了不同的计税方法。

① 凡是一项信贷业务既签订借款合同，又一次或分次填开借据的，只以借款合同所载金额为计税依据计税贴花；凡是只填开借据并作为合同使用的，应以借据所载金额为计税依据计税贴花。

② 借贷双方签订的流动资金周转性借款合同，一般按年（期）签订，规定最高限额，借款人在规定的期限和最高限额内随借随还，为避免加重借贷双方的负担，对这类合同只以其规定的最高额为计税依据，在签订时贴花一次，在限额内随借随还不签订新合同的，不再另贴印花。

③ 对借款方以财产作抵押，从贷款方取得一定数量抵押贷款的合同，应按借款合同贴花；在借款方因无力偿还借款而将抵押财产转移给贷款方时，应再就双方书立的产权书据，按产权转移书据的有关规定计税贴花。

④ 对银行及其他金融组织的融资租赁业务签订的融资租赁合同，应按合同所载租金总额，暂按借款合同计税。

⑤ 在贷款业务中，如果贷方系由若干银行组成的银团，银团各方均承担一定的贷款数额，借款合同由借款方与银团各方共同书立，各执一份合同正本，对这类合同，借款方与贷款银团各方应分别在所执的合同正本上，按各自的借款金额计税贴花。

⑥ 在基本建设贷款中，如果按年度用款计划分年签订借款合同，在最后一年按总概算签订借款总合同，且总合同的借款金额包括各个分合同的借款金额的，对这类基建借款合同，应按分合同分别贴花，最后签订的总合同，只就借款总额扣除分合同借款金额后的余额计税贴花。

（9）财产保险合同的计税依据为支付（收取）的保险费金额，不包括所保财产的金额。

（10）技术合同的计税依据为合同所载的价款、报酬或使用费。为了鼓励技术研究开发，对技术开发合同，只就合同所载的报酬余额计税、研究开发经费不作为计税依据。单对合同约定按研究开发经费一定比例作为报酬的，应按一定比例的报酬金额贴花。

（二）产权转移书据以书据中所载的金额为计税依据。

（三）记载资金的营业账簿，以实收资本和资本公积的两项合计金额为计税依据。

对跨地区经营的分支机构的营业账簿在计税贴花时，为了避免对同一资金重复计税，规定上级单位记载资金的账簿，应按扣除拨给下属机构资金数额后的其余部分计算贴花。

2002 年 1 月 28 日，国税函〔2002〕104 号批复规定，外国银行在我国境内设立的分行，其境外总行须拨付规定数额的"营运资金"，分行在账户设置上不设"实收资本"和"资本公积"账户。根据《中华人民共和国印花税暂行条例》第二条的规定，外国银行分行记载由其境外总行拨付的"营运资金"账簿，应按核拨的账面资金数额计税贴花。

企业执行"两则"启用新账簿后，其实收资本和资本公积两项的合计金额大于原已贴花资金的，就增加的部分补贴印花。凡"资金账簿"在次年度的实收资本和资本公积未增加的，对其不再计算贴花。

（四）在确定合同计税依据时应当注意的一个问题是，有些合同在签订时无法确定计税金额，如技术转让合同中的转让收入，是按销售收入的一定比例收取或是按实现利润分成的，财产租赁合同只是规定了月（天）租金标准而无期限的。对于这类合同，可在签订时**先按定额**五元贴花，以后结算时**再按实际金额计税**，补贴印花。

二、从量计税情况下计税依据的确定

实行从量计税的其他营业账簿和权利、许可证照，以计税数量为计税依据。

(215) 印花税的税率有何规定？

现行印花税采用比例税率和定额税率两种税率，如表 8-1 所示。

表 8-1 印花税目税率表

税目	范围	税率	纳税义务人
1. 购销合同	包括供应、预购、采购、购销结合及协作、调剂、补偿、易货等合同	按购销金额 0.3‰ 贴花	立合同人
2. 加工承揽合同	包括加工、定做、修缮、修理、印刷、广告、测绘、测试等合同	按加工或承揽收入 0.5‰ 贴花	立合同人
3. 建设工程设计合同	包括勘察、勘察设计合同	按收取费用 0.5‰ 贴花	立合同人
4. 建筑安装合同	包括建筑、工程承包、安装工程承包合同	按承包金额 0.3‰ 贴花	立合同人
5. 财产租赁合同	包括租赁房屋、船舶、飞机、机动车辆、机械、器具、设备等合同	按承租金额 1‰ 贴花。税额不足一元的按一元贴花	立合同人
6. 货物运输合同	包括民用航空、铁路运输、海上运输、内河运输、公路运输和联运合同	按运输费用 0.5‰ 贴花。单据作为合同使用的按合同贴花	立合同人
7. 仓储保管合同	包括仓储、保管合同	按仓储保管费用 1‰ 贴花。仓单或栈单作为合同使用的，按合同贴花	立合同人
8. 借款合同	银行及其他金融组织和借款人（不包括银行同业拆借）所签订的借款合同	按借款金额 0.05‰ 贴花。单据作为合同使用的按合同贴花	立合同人
9. 财产保险合同	包括财产、责任、保证、信用等保险合同	按投保金额 1‰ 贴花。单据作为合同使用的，按合同贴花	立合同人

续表

税目	范围	税率	纳税义务人
10. 技术合同	包括技术开发转让、咨询、服务等合同	按所载金额 0.3‰贴花	立合同人
11. 产权转移书据	包括财产、所有权和版权、商标专用权、专利权、专有技术使用权等转移书据	按所载金额 0.3‰贴花	立合同人
12. 营业账簿	生产经营用账册	记载资金的账簿，按固定资产原值与自有流动资金总额0.5‰贴花，其他账簿按件贴花五元	立账簿人
13. 权利许可证照	包括政府部门发给的房屋产权证、工商营业执照、商标注册证、专利证、土地使用证	按件贴花五元	领受人

（一）比例税率

印花税的比例税率分为五档，即：1‰、0.5‰、0.3‰、0.05‰和2‰。其具体规定是：

（1）财产租赁合同、仓储保管合同、财产保险合同的税率为1‰；

（2）加工承揽合同、建设工程勘察设计合同、货物运输合同、产权转移书据，营业账簿税目中记载资金的账簿，其税率为0.5‰；

（3）购销合同、建筑安装工程承包合同、技术合同的规定税率为0.3‰；

（4）借款合同的税率为0.05‰；

（5）根据国家税务总局和国家体改委的规定，股份制企业向社会公开发行的股票，因购买、继承、赠予所书立的股权转让书据，均依书立时证券市场当日实际成交价格计算的金额，从2001年11月16日起，由立据双方当事人分别按2‰的税率缴纳印花税（包括A股和B股）。

（二）定额税率

在印花税的 13 个税目中，适用定额税率的是权利许可证照和营业账簿税目中的其他账簿，单位税额均为每件五元。

（三）适用税率的特殊要求

在确定适用税率时，如果一份合同载有一个或几个经济事项的，可以同时适用一个或几个税率分别计算贴花。但属于同一笔金额或几个经济事项金额未分开的，应按其中一个较高税率计算纳税，而不是分别按多种税率贴花。

㉑⑥ 印花税的减免规定有哪些？

根据印花税暂行条例及实施细则和其他有关税法的规定，下列凭证免纳印花税。

（1）已缴纳印花税的凭证副本或抄本。由于这种副本或抄本属于备查性质，不是正式文本，对外不发生法律效力，所以对其不应再征收印花税。但以副本或者抄本作为正本使用的，应另行贴花。

（2）财产所有人将财产赠给政府、社会福利单位、学校所立的书据。其中，社会福利单位是指抚养孤老伤残的社会福利单位。

（3）国家指定收购部门与村民委员会、农民个人书立的农业产品收购合同。

（4）无息、贴息贷款合同。

（5）外国政府或国际金融组织向我国政府及国家金融机构提供优惠贷款所书立的合同。

（6）房地产管理部门与个人订立的房租合同，凡房屋属于用于生活居住的，暂免贴花。

（7）军事货物运输、抢险救灾物资运输，以及新建铁路临管线运输等的特殊货运凭证。

（8）对投资者（包括个人和机构）买卖基金，至2001年12月31日止，免缴印花税。

（9）对国家邮政局及所属各级邮政企业，从1999年1月1日起独立运营新设立的资金账簿，凡属在邮电管理局分营前已贴花的资金免征印花税，1999年1月1日以后增加的资金按规定贴花。

（10）为继续扶持我国证券投资基金市场的发育和发展，经研究决定，对投资者（包括个人和机构）买卖封闭式证券投资基金单位，在2002年底前暂不征收印花税。

㉘ 印花税如何计算？

（一）按比例税率计算应纳税额的方法

应纳税额＝计税金额 × 适用税率

（二）按定额税率计算应纳税额的方法

应纳税额＝凭证数量 × 单位税额

（三）计算印花税应纳税额应当注意的问题

（1）按金额比例贴花的应税凭证，未标明金额的，应按照凭证所载数量及市场价格计算金额，依适用税率贴足印花。

（2）应税凭证所载金额为外国货币的，按凭证书立当日的国家外汇管理局公布的外汇牌价折合人民币,计算应纳税额。

(3)同一凭证由两方或者两方以上当事人签订并各执一方的,应当由各方所执的一份全额贴花。

(4)同一凭证因载有两个或两个以上经济事项而适用不同税率,如分别载有金额的,应分别计算应纳税额,相加后按合计税额贴花;如未分别记载金额的,按税率高的计税贴花。

(5)已贴花的凭证,修改后所载金额增加的,其增加部分应当补贴印花税票。

(6)按比例税率计算纳税而应纳税额又不足一角的,免纳印花税;应纳税额在一角以上的,其税额尾数不满五分的不计,满五分的按一角计算贴花。对财产租赁合同的应纳税额超过一角但不足一元的,按一元贴花。

[案例分析]

大华公司2006年2月开业,领受房产权证、工商营业执照、土地使用证各一件,与其他企业订立转移专用技术使用权书据一件,所载金额80万元;订立产品购销合同两件,所载金额为150万元;订立借款合同一份,所载金额为40万元。此外,企业的营业账簿中,"实收资本"科目载有资金600万元,其他营业账簿20本。2006年12月该企业"实收资本"所载资金增加为800万元。试计算该企业2006年2月份应纳印花税额和12月份应补缴印花税额。

分析与计算:

(1)企业领受权利、许可证照应纳税额:

应纳税额 = 3 × 5 = 15(元)

（2）企业订立产权转移书据应纳税额：

应纳税额 = 800000 × 0.5‰ = 400（元）

（3）企业订立购销合同应纳税额：

应纳税额 = 1500000 × 0.3‰ = 450（元）

（4）企业订立借款合同应纳税额：

应纳税额 = 400000 × 0.05‰ = 20（元）

（5）企业营业账簿中"实收资本"所载资金：

应纳税额 = 6000000 × 0.5‰ = 3000（元）

（6）企业其他营业账册应纳税额：

应纳税额 = 20 × 5 = 100（元）

（7）2月份企业应纳印花税税额为：

15+400+450+20+3000+100 = 3985（元）

（8）12月份资金账簿应补缴税额为：

应补纳税额 =（8000000 − 6000000）× 0.5‰ = 1000（元）

(218) 印花税的纳税办法有哪些？

印花税的纳税方法较其他税种不同，其特点是由纳税人根据税法规定，自行计算应纳税额，自行购买印花税票，自行完成纳税义务。同时，对特殊情形采取特定的纳税贴花方法。

（一）一般纳税方法

印花税通常由纳税人根据规定自行计算应纳税额，购买并一次贴足印花税票，完纳税款。纳税人向税务机关或指定的代售单位购买印花税票，就税务机关来说，印花税票一经售出，国家即取得印花税收入。但就纳税人来说，购买了印花税票，不等于履行了纳税义务。因此，纳税人将印花税票粘贴在应税凭证后，应即行注销，注销标记应与骑缝处相交。所谓骑缝处，是指粘贴的印花税票与凭证之间的交接处。

对国家政策性银行记载资金的账簿，一次贴花数额较大，难以承担的，经当地税务机关核准，可在三年内分次贴足印花。

（二）简化纳税方法

为简化贴花手续，对那些应纳税额较大或者贴花次数频繁的，税法规定了以下三种简化的缴纳方法。

（1）以缴款书或完税证代替贴花的方法。

某些应税凭证，如资金账簿、大宗货物的购销合同、建筑工程承包合同等，如果一份凭证的应纳税额数量较大，超过 500 元，贴用印花税票不方便的，可向当地税务机关申请填写缴款书或者完税证，将其中一联粘贴在凭证上或者由税务机关在凭证上加注完税标记，代替贴花。

（2）按期汇总缴纳印花税的方法。

同一种类应纳税凭证若需要频繁贴花的，纳税人可向当地税务机关申请按期汇总缴纳印花税。经税务机关核准发给许可证后，按税务机关确定的限期（最长不超过一个月）汇总计算纳税。应纳税证在加注税务机关指定的汇缴戳记、编号，并装订成册后，纳税人应将缴款书的一联黏附册后，盖章注销，保存备查。

（3）代扣税款汇总缴纳的方法。

税务机关为了加强源泉控制管理，可以委托某些代理填开应税凭证的单位（如代办运输、联运的单位）对凭证的当事人应纳的印花税予以代扣，并按期汇总缴纳。

（三）纳税贴花的其他具体规定

纳税人贴花时，必须遵照以下规定办理纳税事宜。

（1）在应纳税凭证书立或领受时即行贴花完税，不得延至凭证生效日期贴花。

（2）印花税票应粘贴在应纳税凭证上，并由纳税人在每枚税票的骑缝处盖戳注销或画销，严禁揭下重用。

（3）已经贴花的凭证，凡修改后所载金额增加的部分，应补贴印花。

（4）对已贴花的各类应纳税凭证，纳税人须按规定期限保管，不得私自销毁，以备纳税检查。

（5）凡多贴印花税票者，不得申请退税或者抵扣。

（6）纳税人对凭证不能确定是否应当纳税的，应及时携带凭证，到当地税务机关鉴别。

（7）纳税人同税务机关对凭证的性质发生争议的，应检附该凭证报请上一级税务机关核定。

（8）纳税人对纳税凭证应妥善保存。凭证的保存期限，凡国家已有明确规定的，按规定办理；其他凭证均应在履行纳税义务完毕后保存一年。

(219) 发放权力、许可证照和办理凭证的鉴证、公证及其他有关事项的单位有哪些责任和义务？

发放权力、许可证照和办理凭证的鉴证、公证及其他有关事项的单位，负有监督纳税人依法纳税的义务。由于凭证贴花是取得法律效力的一个重要方面，应贴花而未贴花的凭证在法律手续上是不完备的。所以，有关单位在发放或办理应纳税凭证时，有义务监督纳税人贴花，履行完税手续，这样，可以动员社会各方面的力量来督促纳税人依法纳税，有利于加强印花税管理和税源控制。

具体来说，有关单位有义务对纳税人的以下纳税事项进行监督：（1）应纳税凭证是否已粘贴印花；（2）粘贴的印花是否足额；（3）粘贴的印花是否按规定注销。对未完成以上纳税手续的，有关单位应督促纳税人当场履行纳税义务。

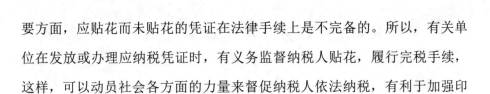 220 印花税违章如何处理？

印花税实行轻税重罚政策。对纳税人不按照税法规定纳税的，应区别不同情况给予下列处罚：

（1）纳税人在应纳税凭证上未贴或者少贴印花税票的，税务机关除责令其补贴印花税票外，可处以应补贴印花税票金额 3～5 倍的罚款；

（2）对纳税人不按规定注销或画销已贴用的印花税票的，税务机关可处以未注销或者画销印花税票金额 1～3 倍的罚款；

（3）纳税人把已贴用的印花税票揭下重用的，税务机关可处以重用印花税票金额 5 倍或者 2000 元以上 10000 元以下的罚款；

（4）对伪造印花税票的，由税务机关提请司法机关依法追究刑事责任。

值得注意的是，印花税的违章处理，本书中使用的是《印花税暂行条例》发布以后的新规定，与暂行条例中的规定不同，考试和实务处理时，以教材中的新规定为准。

印花税的纳税环节是什么？

印花税应当在书立或领受时贴花。具体是指，在合同签订时、账簿启用时和证照领受时贴花。如果合同是在国外签订，并且不便在国外贴花的，应在将合同带入境时办理贴花纳税手续。

 印花税的纳税地点有何规定？

印花税一般实行**就地纳税**。对于全国性商品物资订货会（包括展销会、交易会等）上所签订合同应纳的印花税，由纳税人回其所在地后及时办理贴花完税手续；对地方主办、不涉及省际关系的订货会、展销会上所签合同的印花税，其纳税地点由各省、自治区、直辖市人民政府自行规定。

223 印花税的纳税申报表如何填报？

印花税纳税申报表如表 8-2 所示。

表 8-2　印花税纳税申报表

税务计算机代码：
税款所属日期：

单位名称				
税　　目	份数（件）	计税金额（元）	税率	已纳税额（元）
购销合同			0.3‰	
加工承揽合同			0.5‰	
建设工程勘察设计合同			0.5‰	
建筑安装工程承包合同			0.3‰	

续表

税　目		份数（件）	计税金额（元）	税率	已纳税额（元）
财产租赁合同				1‰	
货物运输合同				0.5‰	
仓储保管合同				1‰	
借款合同				0.05‰	
财产保险合同				1‰	
技术合同				0.3‰	
产权转移书据				0.5‰	
账簿	资金账簿			0.5‰	
	其他账簿			5 元	
权利许可证照				5 元	
其他					
合计					

　　根据印花税暂行条例规定应缴纳印花税的凭证在书立和领受时贴花完税，我单位应纳税凭证均已按规定缴纳，本报表中已纳税额栏填写数字与应纳税额是一致的。

经办人（章）：

登记申报单位 （盖章）	企业财务负责人 （盖章）	税务机关受理申报日期： 受理人（章）： 　年　月　日

第九章 车船税

[**本章导读**]

所谓车船税，是指在中华人民共和国境内的车辆、船舶的所有人或者管理人应缴纳的一种税。

在本章的学习之中，我们将重点学习以下几个方面的内容。

第一，车船税是一种什么税？

第二，哪些交通工具需要缴纳车船税？

第三，哪些人需要缴纳车船税？

第四，车船税税率有多高？

第五，车船税的计税依据如何确认？

第六，如何计算车船税的应纳税额？

第七，车船税有哪些优惠政策？

第八，如何办理车船税的申报与缴纳？

224 什么是车船税?

车船税是对在中华人民共和困境内车辆、船舶（以下简称车船）的所有人或者管理人征收的一种税。我国现行的车船税是在原车船使用税和车船使用牌照税的基础上合并修订而成的。

225 车船税有什么特点?

条例的出台，对于统一税制、公平税负、拓宽税基，增加地方财政收入，加强地方税征管都具有重要的意义。

（一）统一了各类企业的车船税制

《车船税暂行条例》将车船使用税和车船使用牌照税合并为"车船税"，统一适用拥有车辆、船舶的各类纳税人，包括外商投资企业、外国企业和外籍人员，解决了内外资企业车船税制长期不统一的问题。

（二）由财产与行为税改为财产税

为了逐步建立适合我国国情的财产税制度，为地方财政提供较稳定的税收来源，并考虑到我国在机动车的使用环节已经征收养路费的情况，条例将过去在保有与使用环节征收的财产与行为税，改为在保有环节征收财产税，将纳税人由"拥有并且使用车船的单位和个人"改为"车辆、船舶的所有人或者管理人"。

（三）适当提高了税额标准

《车船税暂行条例》保持了原车船使用税税额幅度的下限，而将上限提高了一倍左右，例如，载客汽车的上限由原来的 320 元提高到 660 元，载货汽车的上限由 60 元提高到 120 元。这样，为各地结合本地情况合理确定税额标准留下了一定的空间。

（四）调整了减免税范围

按照公平税负、拓宽税基的原则，条例采取三种方式对车船税制的减免税范围作了调整。

㉒㉖ 车船税的纳税义务人指哪些？

车船税的纳税义务人，是指在中华人民共和国境内，车辆、船舶（以下简称车船）的所有人或者管理人，应当依照《中华人民共和国车船税暂行条例》的规定缴纳车船税。

㉒㉗ 车船税的征税范围是什么？

车船税的征收范围，是指依法应当在我国车船管理部门登记的车船（除规定减免的车船外）。

（一）车辆

车辆，包括机动车辆和非机动车辆。机动车辆，指依靠燃油、电力等能源作为动力运行的车辆，如汽车、拖拉机、无轨电车等；非机动车辆，指依靠人力、畜力运行的车辆，如三轮车、自行车、畜力驾驶车等。

（二）船舶

船舶，包括机动船舶和非机动船舶。机动船舶，指依靠燃料等能源作为动力运行的船舶，如客轮、货船、气垫船等；非机动船舶，指依靠人力或者其他力量运行的船舶，如木船、帆船、舢板等。

228 车船税的税目与税率怎样规定的？

车船税实行定额税率。定额税率，也称固定税额，是税率的一种特殊形式。定额税率计算简便，适宜于从量计征的税种。车船税的适用税额，依照条例所附的车船税税目税额表执行。

国务院财政部门、税务主管部门可以根据实际情况，在车船税税目税额表规定的税目范围和税额幅度内，划分子税目，并明确车辆的子税目税额幅度和船舶的具体适用税额。车辆的具体适用税额由省、自治区、直辖市人民政府在规定的子税目税额幅度内确定。

车船税采用定额税率，即对征税的车船规定单位固定税额。车船税确定税额总的原则是：非机动车船的税负轻于机动车船；人力车的税负轻于畜力车；小吨位船舶的税负轻于大船舶。由于车辆与船舶的行使情况不同，车船税的税额也有所不同（如表9-1所示）。

表9-1　车船税税目税额表

税目	计税单位	每年税额（元）	备注
载客汽车	每辆	60 ～ 660	包括电车
载货汽车专项作业车	按自重每吨	16 ～ 120	包括半挂牵引车、挂车
三轮汽车低速货车	按自重每吨	24 ～ 120	
摩托车	每辆	36 ～ 180	
船舶	按净吨位每吨	3 ～ 6	拖船和非机动驳船分别按船舶税额的50%计算

（一）载客汽车

车船税税目税额表中的载额汽车，分为大型客车、中型客车、小型客车和微型客车四个子税目。其中，大型客车是指核定载客人数大于或者等于20人的载客汽车；中型客车是指核定载客人数大于九人且小于20人的载客汽车；小型客车是指核定载客人数小于或者等于九人的载客汽车；微型客车是指发动机汽缸总排气量小于或者等于一升的载客汽车。载客汽车各子税目的每年税额幅度为：

（1）大型客车，480～660元；

（2）中型客车，420～660元；

（3）小型客车，360～660元；

（4）微型客车，60～480元。

客货两用汽车按照载货汽车的计税单位和税额标准计征车船税。

（二）三轮汽车

车船税税目税额表中的三轮汽车，是指在车辆管理部门登记为三轮汽车或者三轮农用运输车的机动车。

（三）低速货车

车船税税目税额表中的低速货车，是指在车辆管理部门登记为低速货车或者四轮农用运输车的机动车。

（四）专项作业车

车船税税目税额表中的专项作业车，是指装置有专用设备或者器具，用于专项作业的机动车；轮式专用机械车是指具有装卸、挖掘、平整等设备的轮式自行机械。

专项作业车和轮式专用机械车计税单位为自重每吨，每年税额为16～

120 元。具体适用税额由省、自治区、直辖市人民政府参照载货汽车的税额标准在规定的幅度内确定。

（五）船舶

车船税税目税额表中的船舶，具体适用税额为：

（1）净吨位小于或者等于 200 吨的，每吨 3 元；

（2）净吨位 201 ～ 2000 吨的，每吨 4 元；

（3）净吨位 2001 ～ 10000 吨的，每吨 5 元；

（4）净吨位 10001 吨及其以上的，每吨 6 元。

229 车船税的计税依据是什么？

（1）纳税人在购买机动车交通事故责任强制保险时，应当向扣缴义务人提供地方税务机关出具本年度车船税的完税凭证或者减免税证明。不能提供完税凭证或者减免税证明的，应当在购买保险时按照当地的车船税税额标准计算缴纳车船税。

（2）拖船按照发动机功率每 2 马力折合净吨位 1 吨计算征收车船税。

（3）《车船税暂行条例》及细则所涉及的核定载客人数、自重、净吨位、马力等计税标准，以车船管理部门核发的车船登记证书或者行驶证书相应项目所载数额为准。纳税人未按照规定到车船管理部门办理登记手续的，上述计税标准以车船出厂合格证明或者进口凭证相应项目所载数额为准；不能提供车船出厂合格证明或者进口凭证的，由主管地方税务机关根据车船自身状况并参照同类车船核定。

（4）车辆自重尾数在 0.5 吨以下 (含 0.5 吨) 的，按照 0.5 吨计算；超过 0.5

吨的，按照 1 吨计算。船舶净吨位尾数在 0.5 吨以下 (含 0.5 吨) 的不予计算，超过 0.5 吨的，按照 1 吨计算。1 吨以下的小型船，一律按照 1 吨计算。

（5）《车船税暂行条例》及其细则所称的自重，是指机动车的整备质量。

（6）对于按照《车船税暂行条例实施细则》的规定，无法准确获得自重数值或自重数值明显不合理的载货汽车、三轮汽车、低速货车、专项作业车和轮式专用机械车，由主管税务机关根据车辆自身状况并参照同类车辆核定计税依据。对能够获得总质量和核定载质量的，可按照车辆的总质量和核定载质量的差额作为车辆的自重；无法获得核定载质量的专项作业车和轮式专用机械车，可按照车辆的总质量确定自重。

(230) 车船税应纳税额如何计算？

购置的新车船，购置当年的应纳税额自纳税义务发生的当月起按月计算。计算公式为：

应纳税额＝年应纳税额÷12× 应纳税月份数

[案例分析]

某运输公司拥有载货汽车 15 辆 (货车自重全部为 10 吨)；载客大客车 20 辆；小客车 10 辆。计算该公司应纳车船使用税。(注：载货汽车按自重每吨年税额 80 元，载客大客车每辆年税额 500 元，小客车每辆年税额 400 元)

(1) 载货汽车应纳税额＝15×10×80＝12000(元)

(2) 乘人汽车应纳税额＝20×500＋10×400＝14000(元)

(3) 全年应纳车船税额＝12000＋14000＝26000(元)

(231) 车船税法定减免的项目有哪些？

（1）**非机动车船**不包括非机动驳船。非机动车是指以人力或者畜力驱动的车辆，以及符合国家有关标准的残疾人机动轮椅车、电动自行车等车辆；非机动船是指自身没有动力装置，依靠外力驱动的船舶；非机动驳船是指在船舶管理部门登记为驳船的非机动船。

（2）**拖拉机**。拖拉机是指在农业农业机械部门登记为拖拉机的车辆。

（3）**捕捞、养殖渔船**。捕捞、养殖渔船是指在渔业船舶管理部门登记为捕捞船或者养殖船的渔业船舶，不包括登记为捕捞船或者养殖船以外类型的渔业船舶。

（4）军队、武警专用的车船。军队、武警专用的车船是指按照规定在军队、武警车船管理部门登记，并领取军用牌照、武警牌照的车船。

（5）**警用车船**。警用车船，是指公安机关、国家安全机关、监狱、劳动教养管理机关和人民法院、人民检察院领取警用牌照的车辆和执行警务的专用船舶。

（6）按照有关规定已经缴纳船舶吨税的船舶。

（7）依照我国有关法律和我国缔结或者参加的国际条约的规定应当予以免税的外国驻华使馆、领事馆和国际组织驻华机构及其有关人员的车船。我国有关法律是指《中华人民共和国外交特权与豁免条例》《中华人民共和国领事特权与豁免条例》。

外国驻华使馆、领事馆和国际组织驻华机构及其有关人员在办理免税事项时，应当向主管地方税务机关出具本机构或个人身份的证明文件和车船所有权证明文件，并申明免税的依据和理由。

(232) 车船税特定减免的项目有哪些？

省级人民政府可以根据当地实际情况，对城市、农村公共交通车船给予定期减税、免税。

对尚未在车辆管理部门办理登记、属于应减免税的新购置车辆，车辆所有人或管理人可提出减免税申请并提供机构或个人身份证明文件和车辆权属证明文件以及地方税务机关要求的其他相关资料。经税务机关审验符合车船税减免条件的，税务机关可为纳税人出具该纳税年度的减免税证明，以方便纳税人购买机动车交通事故责任强制保险。

新购置应予减免税的车辆所有人或管理人在购买机动车交通事故责任强制保险时已缴纳车船税的，在办理车辆登记手续后可向税务机关提出减免税申请，经税务机关审验符合车船税减免税条件的，税务机关应退还纳税人多缴的税款。

(233) 车船税的纳税期限是什么？纳税地点如何规定的？

车船税的纳税义务发生时间，为车船管理部门核发的车船登记证书或者行驶证书所记载日期的当月。纳税人未按照规定到车船管理部门办理应税车船登记手续的，以车船购置发票所载开具时间的当月作为车船税的纳税义务发生时间。对未办理车船登记手续且无法提供车船购置发票的，由主管地方税务机关核定纳税义务发生时间。

车船税按年申报缴纳。纳税年度，自公历1月1日起至12月31日止。

具体申报纳税期限由省级人民政府确定。

车船税由地方税务机关负责征收。纳税地点，由省级人民政府根据当地实际情况确定。跨省、自治区、直辖市使用的车船纳税地点为车船的登记地。

(234) 车船税的申报缴纳有何规定？

（1）车船的所有人或者管理人未缴纳车船税的，使用人应当代为缴纳车船税。

（2）从事机动车交通事故责任强制保险业务的保险机构为机动车车船税的扣缴义务人，应当依法代收代缴车船税。

（3）机动车车船税的扣缴义务人依法代收代缴车船税时纳税人不得拒绝。由扣缴义务人代收代缴机动车车船税的，纳税人应当在购买机动车交通事故责任强制保险的同时缴纳车船税。

（4）纳税人对扣缴义务人代收代缴税款有异议的，可以向纳税所在地的主管地方税务机关提出。

（5）纳税人在购买机动车交通事故责任强制保险时缴纳车船税的，不再向地方税务机关申报纳税。

（6）扣缴义务人在代收车船税时，应当在机动车交通事故责任强制保险的保险单上注明已收税款的信息，作为纳税人完税的证明。除另有规定外，扣缴义务人不再给纳税人开具代扣代收税款凭证。纳税人如有需要，可以持注明已收税款信息的保险单，到主管地方税务机关开具完税凭证。

（7）扣缴义务人应当及时解缴代收代缴的税款，并向地方税务机关申报。扣缴义务人解缴税款的具体期限，由各省、自治区、直辖市地方税务机关依照法律、行政法规的规定确定。

（8）地方税务机关应当按照规定支付扣缴义务人代收代缴车船税的手续费。税务机关付给扣缴义务人代收代缴手续费的标准由国务院财政部门、税务主管部门制定。

(235) 怎样填报车船税纳税申报表？

车船税的纳税人应按照条例的有关规定及时办理纳税申报，并如实填写车船税纳税申报表。（如表 9-2 所示）

表 9-2 车船税纳税申报表

纳税人识别号 | | | | | | | | | | | | | | |

纳税人名称：（公章）
税款所属期限：自　年　月　日至　年　月　日　　　　　　　　填表日期：　年　月　日

车船类别		计税单位	税额标准	数量	吨位	本期应纳税额	本期已缴税额	本期应补（退）税额
载客汽车	乘坐人数大于或等于20人	每辆						
	乘坐人数大于九人小于20人	每辆						
	乘坐人数小于或等于九人	每辆						
	发动机气缸总排气量小于等于一升	每辆						
载货汽车（包括半挂牵引车、挂车）		按自重每吨						
三轮汽车		按自重每吨						
低速货车		按自重每吨						

续表

车船类别		计税单位	税额标准	数量	吨位	本期应纳税额	本期已缴税额	本期应补（退）税额
摩托车		每辆						
专项作业车		按自重每吨						
轮式专用机械车		按自重每吨						
小计								
船舶	净吨位小于或等于 200 吨	每吨	3 元					
	净吨位 201 吨至 2000 吨	每吨	4 元					
	净吨位 2001 吨至 10000 吨	每吨	5 元					
	净吨位 10001 吨及其以上	每吨	6 元					
小计								
合计								

纳税人或代理人声明：此纳税申报表是根据国家税收法律的规定填报的，我信它是真实的、可靠的、完整的。	如纳税人填报，由纳税人填写以下各栏					
	经办人（签章）		会计主管（签章）		法定代表人（签章）	
	如委托代理人填报，由代理人填写以下各栏					
	代理人名称				代理人（公章）	
	经办人（签章）					
	联系电话					

以下由税务机关填写

受理人		受理日期		受理税务机关（签章）	

填表说明：

（1）本表适用于自行申报车船税的纳税人填报。

（2）本表"车船类别"相应栏次分别根据《附表》同类别车船对应栏次合计填写。

该表按照车船税的各税目汇总填报。各汇总数据来自于附表，具体说明如下：

第1栏税额标准是对应申报表所列举的车船税每一税目，按各自计税单位确定的单位税额标准，是一个既定标准；

第2栏数量，指的是对应每一税目申报缴纳车船税的车船数量，统计每一税目对应申报纳税的车辆数；

第3栏吨位，对按照自重或净吨位征收的车辆和船舶，每一税目对应的吨位合计；

第4栏本期应纳税额按照附表中同一车船类型本期应纳税额的合计数汇总填报；

第5栏本期已缴税额是企业在本纳税期实际已缴纳的车船税，包括被委托代征税款等。对企业已被保险机构扣缴的车船税，扣缴后可以不再办理申报。

第十章　税收征收管理

[**本章导读**]

税收征管工作的好坏，直接关系到税收职能作用能否很好地发挥。理所当然，加强税收征收管理，成为税务机关的首要目的。

在本章的学习之中，我们将重点学习以下几个方面的内容。

第一，什么是税收征收管理？

第二，什么是税务登记，如何进行税务登记？

第三，纳税人如何进行账簿、凭证的管理？

第四，什么是纳税申报，如何进行纳税申报？

第五，什么是税务检查？

第六，涉税双方的法律责任有哪些？

236 什么是税收征收管理？

税收征收管理是国家征税机关依据国家税收法律、行政法规的规定，按照统一的标准，通过一定的程序，对纳税人应纳税额组织入库的一种行政活动，是国家将税收政策贯彻实施到每个纳税人，有效地组织税收收入及时、足额入库的一系列活动的总称。国家的税务征管活动可以划分为两个层次：一是税收政策、法令、制度的制定，即**税收立法**；二是税收政策、法令、制度的执行，也就是税收的征收管理，即**税收执法**。

237 税收征收管理的法律依据是什么？

税收征收管理的基本法律依据有：《中华人民共和国税收征收管理法》《中华人民共和国刑法》《中华人民共和国行政诉讼法》《中华人民共和国行政复议法》等法律。

税收的开征、停征以及减税、免税、退税、补税，都应该按照法律规定来执行；如果法律授权国务院规定的，按照国务院制定的行政法规执行；与税收法律、行政法规相抵触的决定，税务机关有权拒绝执行。

任何单位和个人都有权检举违反税收法律、行政法规的行为，收到检举的机关和负责查处的机关应当为检举人保密，税务机关应当按照规定给予奖励。

税收征收管理的内容有哪些？

税收征收管理工作主要内容包括管理、征收、检查三方面内容。

（1）**税务管理**。税务管理是指对纳税人的纳税情况进行经常性的指导和督促。包括税务登记、纳税鉴定、纳税辅导、账务票证管理和减免税管理等。

（2）**税款征收**。税款征收是指基层税务机关依法核定计税依据，依率计征，并按照一定方法，组织税款入库。其中包括申报纳税、税款征收等环节。

（3）**税务检查**。税务检查是对管理和征收进行事后监督的一种形式，通过检查可以考核管理和征收的质量，发现税务违章行为，并依法给予及时处理。

此外，税收宣传，发动群众协税护税，做好促产增税，也是税收征收管理工作重要的内容。

239 什么是税务登记？

税务登记是整个税收征管的**首要环节**，是税务机关对纳税人的生产经营进行登记管理的一项基本制度，也是纳税人已经纳入税务机关监督管理的一项证明。税务登记是指纳税人为依法履行纳税义务就有关纳税事宜依法向税务机关办理登记的一种法定手续。纳税人必须按照税法规定的期限办理开业税务登记、变更税务登记或注销税务登记。

240 税务登记管理的内容有哪些?

税务登记管理的内容包括开业登记;变更登记;停、复业登记;注销登记;《税务登记证》验证、换证;非正常户处理;税收证明管理。

241 哪些纳税人需要办理开业税务登记?

企业、企业在外地设立的分支机构和从事生产经营的场所,个体工商户和从事生产、经营的事业单位(统称从事生产、经营的纳税人)以及非从事生产经营但依照法律、行政法规的规定负有纳税义务的单位和个人,均须办理税务登记或注册税务登记。

242 纳税人怎样办理开业税务登记?

企业、企业在外地设立的分支机构和从事生产、经营的场所,个体工商户和从事生产、经营的事业单位,应当自领取营业执照之日起 30 日内,向其所在地税务机关申请办理税务登记。前款规定以外的纳税人,除国家机关和个人外,应当自纳税义务发生之日起 30 日内,向其所在地税务机关申请办理税务登记。税务登记的审核及发证工作应当自受理之日起 30 日内完成。

(一)申请

纳税人新开业,应在规定的期限内向其所在地税务机关申请办理税务登记,领取并填写税务登记表、纳税人税种登记表;符合增值税一般纳税人、金银首饰消费税纳税人、社会福利企业、校办企业等条件的纳税人，还应领取并填写增值税一般纳税人申请认定表、金银首饰消费税纳税人认定登记表、社会福利企业证书申请表、校办企业资格审查表等。

纳税人按规定填好上述表格后，将表格提交给税务机关登记管理环节，并附送下列资料：

①营业执照或其他核准执业证件原件及复印件；

②有关合同、章程、协议书复印件；

③银行账号证明；

④居民身份证、护照或者其他合法证件；

⑤组织机构统一代码证书及复印件；

⑥住所或经营场所证明；

⑦税务机关需要的其他资料。

（二）受理

税务登记管理环节受理、审阅纳税人填报的表格是否符合要求，附送的资料是否齐全。符合条件的，开具税务文书领取通知单交给纳税人。

（三）审核

税务登记管理环节对纳税人填报的表格和附送的资料进行审核：

①审核居民身份证号码是否有在案未履行纳税义务的记录；

②审核组织机构统一代码是否有重码问题；

③按程序审批纳税人报送的增值税一般纳税人申请认定表、金银首饰消费税纳税人认定登记表、社会福利企业证书申请表、校办企业资格审查表等；

④必要时可对有关情况进行实地调查。

审核后符合规定的，在税务登记表中核定税务登记有效期限，加盖税务机关公章或税务登记专用章、经办人员签章等。

（四）发证

税务登记管理环节根据审核意见制作税务登记证（正、副本）。纳税人按规定缴纳工本费后，凭税务文书领取通知单领取税务登记证及税务登记表等有关材料。

(243) 纳税人发生哪些情况时应当办理变更税务登记？

纳税人改变名称、法定代表人或者业主姓名、经济类型、经济性质、住所或者经营地点（指不涉及改变主管国家税务机关）、生产经营范围、经营方式、开户银行及账号等内容的，纳税人应当自工商行政管理机关办理变更登记之日起 30 日内，持下列有关证件向原主管国家税务机关提出变更登记书面申请报告。

(244) 纳税人怎样办理变更税务登记？

纳税人的税务登记内容发生变化的，应当依法向原税务登记机关申报办理变更税务登记。纳税人变更税务登记有两种情况。

（1）纳税人变更生产、经营内容，需要有工商行政管理机关或其他机关批准的，要在工商行政管理机关或其他机关办理变更登记之日起 30 日内，持有关证件向主管税务机关申报办理变更税务登记。

（2）纳税人税务登记内容发生变化，不需要到工商行政管理机关或其他机关办理变更登记的，应当自发生变化之日起 30 日内，持有关证件向原税务登记机关申报办理变更税务登记。

（3）纳税人办理变更税务需提供以下资料：

① 变更税务登记申请书；

② 变更登记的有关证明文件；

③ 税务机关发放的原税务登记证件（包括税务登记证及其副本、税务登记等）；

④ 其他有关资料。

另外，纳税人办理变更税务登记应按规定缴付工本管理费。

(245) 纳税人发生哪些情况时应当办理注销税务登记？

企业在下列情况下，应当在向工商行政管理机关办理注销登记前，持有关证件，向原税务登记机关申报办理注销税务登记：

（1）纳税人发生解散、破产、撤销的；

（2）纳税人被工商行政管理机关吊销营业执照的；

（3）纳税人因住所、经营地点或产权关系变更而涉及改变主管税务机关的；

（4）纳税人发生的其他应办理注销税务登记情况的。

(246) 纳税人怎样办理注销税务登记？

纳税人发生解散、破产、撤销以及其他情形，依法终止纳税义务的，应当在向工商行政管理机关办理注销登记前，持有关证件向原税务主管机关申报办理注销税务登记。

按照规定不需要在工商行政管理机关办理注册登记的，应当自有关机关批准或宣告终止之日起 15 日内，持有关证件向原税务主管机关申报办理注销税务登记。

纳税人因住所、经营地点变动而涉及改变税务登记机关的，应当在向工商行政管理机关申请办理变更或注销登记前或者住所、经营地点变动前，向原税务主管机关申报办理注销税务登记，再向迁入地税务机关申请办理税务登记。

纳税人被工商行政管理机关吊销营业执照的，应当自营业执照被吊销之日起 15 日内，向原税务主管机关申报办理注销税务登记。

纳税人在办理注销税务登记前，应当向原主管税务机关结清应纳税款、滞纳金、罚款。

（1）以上纳税人向主管税务机关申请办理注销登记，领取并按规定填写注销税务登记申请审批表。

（2）纳税人将填写好的注销税务登记申请审批表送交主管税务机关，并提供下列有关证件、证明、资料：

①主管部门或董事会（职代会）的决议以及其他有关证件；

②原主管税务机关核发的税务登记证件正副本；

③发票专用章、发票领购簿、剩余的空白发票；

④金税卡、IC 卡和读卡器（适用于一般纳税人）；

⑤主管税务机关要求提供的其他有关证件、证明、资料。

（3）原主管税务机关对纳税人提供的上述证件、证明、资料核实无误后，清理收缴纳税人的原税务登记证件正副本、发票领购簿、剩余的空白发票及一般纳税人金税卡、IC 卡和读卡器。

（4）原主管税务机关在纳税人履行相关手续后，将签注审核意见后的注销税务登记申请审批表退还一份给纳税人；如纳税人不能按期结清应纳税款、滞纳金、罚款的，原主管税务机关应依法处理。

（5）纳税人属于跨区域迁移的，应凭纳税人迁移通知书和变更后的工商执照或其他核准执业证件，以及办理税务登记所需要的资料，到迁达地税务机关或税务登记受理处重新办理税务登记。

(247) 如何办理停业、复业登记？

（1）纳税人因特殊原因需要停业（歇业）的，应当自开始停业（歇业）之日起五日内向主管税务所提出停业书面申请。

（2）纳税人应按下列程序办理停业（歇业）：

① 由纳税人提出书面申请并经有关机关批准后，到办税中心指定窗口领取停业申请审批表一式三份；

② 纳税人应向主管税务所清缴应纳税款，发票及其他税收资料；

③ 按程序逐级审批后，交税务所执行。

（3）纳税人停业期满应复业的，应当自停业期满之日起五日内持原停业申请审批表向主管税务所申请复业，具体程序按复业申请表办理，纳税人未按规定期限申请复业或在停业期间进行营业而不申报纳税的，将依照《税收征管法》有关规定处罚。

(248) 税务登记证有哪些用途？

税务登记证件是纳税人履行了税务登记义务的书面证明，除按照规定不需要发给税务机关登记证件的外，纳税人办理下列事项时，必须持税务登记证件：

(1) 开立银行账户；

(2) 申请减税、免税、退税；

(3) 申请办理延期申报、延期缴纳税款；

(4) 领购发票；

(5) 申请开具外出经营活动税收管理证明；

(6) 办理停业、歇业；

(7) 其他有关税务事项。

(249) 税务登记证需要审验吗，如何审验？

税务机关对税务登记证件实行定期验证和更换制度，一年验证一次，三年更换一次。纳税人应当在规定的期限内，持有关证件到主管税务机关办理验证或更换手续。纳税人遗失税务登记证件的，应当在税务机关规定的期限内，向主管税务机关提交书面报告，及时申请补发，经税务机关审核后，予以补发。税务登记证件只限本纳税单位和个人使用，并亮证经营，不得转借、转让给其他单位和个人，严禁涂改或私毁税务登记证件，更不得非法买卖或伪造。纳税人要妥善保管税务登记证件。

税务登记的审验有以下规定：

（1）税务机关对税务登记证件实行定期验证和换证制度。纳税人应当在规定的期限内持有关证件到主管税务机关办理验证或者换证手续。

（2）纳税人应当将税务登记证件正本在其生产、经营场所或者办公场所公开悬挂，接受税务机关检查。

（3）纳税人遗失税务登记证件的，应当在 15 日内书面报告主管税务机关，并登报声明作废。

（4）从事生产、经营的纳税人到外县（市）临时从事生产、经营活动的，应当持税务登记证副本和所在地税务机关填开的外出经营活动税收管理证明，向营业地税务机关报验登记，接受税务管理。

从事生产、经营的纳税人外出经营，在同一地累计超过 180 天的，应当在营业地办理税务登记手续。

㉕⓪ 账簿如何设立？

（1）从事生产、经营的纳税人应当在领取营业执照之日起 15 日内按照规定设置总账、明细账、日记账以及其他辅助性账簿，其中总账、日记账必须采用订本式。

生产经营规模小又确无建账能力的个体工商业户，可以聘请注册会计师或者经主管国家税务机关认可的财会人员代为建账和办理账务；聘请注册会计师或者经主管国家税务机关认可的财会人员有实际困难的，经县（市）以上国家税务局批准，可以按照国家税务机关的规定，建立收支凭证粘贴簿、进货销货登记簿等扣缴义务人应当自税收法律、行政法规规定的扣缴义务发生之日起十日内，按照所代扣、代收的税种，分别设置代扣代缴、代收代缴税款账簿。

（2）纳税人、扣缴义务人采用电子计算机记账的，对于会计制度健全，能够通过电子计算机正确、完整计算其收入、所得的，其电子计算机储存和输出的会计记录，可视同会计账簿，但应按期打印成书面记录并完整保存；对于会计制度不健全，不能通过电子计算机正确、完整反映其收入、所得的，应当建立总账和与纳税或者代扣代缴、代收代缴税款有关的其他账簿。

（3）从事生产、经营的纳税人应当自领取税务登记证件之日起15日内，将其财务、会计制度或者财务、会计处理办法报送主管国家税务机关备案。纳税人、扣缴义务人采用计算机记账的，应当在使用前将其记账软件、程序和使用说明书及有关资料报送主管国家税务机关备案。

(251) 纳税人、扣缴义务人如何进行记账核算？

（1）纳税人、扣缴义务人必须根据合法、有效凭证进行记账核算。

（2）纳税人、扣缴义务人应当按照报送主管国家税务机关备案的财务、会计制度或财务、会计处理办法，真实、序时逐笔记账核算；纳税人所使用的财务、会计制度和具体的财务、会计处理办法与有关税收方面的规定不一致时，纳税人可以继续使用原有的财务、会计制度和具体的财务、会计处理办法，进行会计核算，但在计算应纳税额时，必须按照税收法规的规定计算纳税。

㉒⁵² 账簿保管应遵循什么原则？

（1）会计人员在年度结束后，应将各种账簿、凭证和有关资料按顺序装订成册，统一编号、归档保管。

（2）纳税人的账簿（包括收支凭证粘贴簿、进销货登记簿）、会计凭证、报表和完税凭证及其他有关纳税资料，除另有规定者外，保存十年，保存期满需要销毁时，应编制销毁清册，经主管国家税务机关批准后方可销毁。

（3）账簿、记账凭证、完税凭证及其他有关资料不得伪造、变造或者擅自损毁。

㉒⁵³ 税收证明如何开据、管理？

（1）实行查账征收方式缴纳税款的纳税人到外地从事生产、经营、提供劳务的，应当向机构所在地主管国家税务机关提出书面申请报告，写明外出经营的理由、外销商品的名称、数量、所需时间，并提供税务登记证或副本，由主管国家税务机关审查核准后签发外出经营活动税收管理证明。申请人应当按规定提供纳税担保或缴纳相当于应纳税款的纳税保证金。纳税人到外县（市）从事生产、经营活动，必须持外出经营活动税收管理证明，向经营地国家税务机关报验登记，接受税务管理，外出经营活动结束后，应当按规定的缴销期限，到主管国家税务机关缴销外出经营活动税收管理证明，办理退保手续。

（2）乡、镇、村集体和其他单位及农民个人在本县（市、区）内（含邻县的毗邻乡、镇）集贸市场出售自产自销农、林、牧、水产品需要自产自销证明的，应持基层行政单位（村委会）出具的证明，到主管国家税务机关申请办理。

（3）纳税人销售货物向购买方开具发票后，发生退货或销售折让，如果购货方已付购货款或者货款未付但已作财务处理，发票联及抵扣联无法收回的，纳税人应回购货方索取其机构所在地主管国家税务机关开具的进货退出或者索取折让证明，作为开具红字专用发票的合法依据。

㉞ 违反账簿、凭证管理应负什么法律责任？

（1）纳税人有下列行为之一，经主管国家税务机关责令限期改正，逾期不改正的，由国家税务机关处以 2000 元以下的罚款；情节严重的，处以 2000 元以上 10000 元以下的罚款：未按规定设置、保管账簿或者保管记账凭证和有关资料的；未按规定将财务、会计制度或者财务会计处理办法报送国家税务机关备查的。

（2）扣缴义务人未按照规定设置、保管代扣代缴、代收代缴税款账簿或者保管代扣代缴、代收代缴税款记账凭证及有关资料的，经主管国家税务机关责令限期改正，逾期不改正的，由国家税务机关处以 2000 元以下的罚款；情节严重的，处以 2000 元以上 5000 元以下的罚款。

㉟ 如何进行发票管理？

（一）发票领购的适用范围

（1）依法办理税务登记的单位和个人，在领取税务登记证后可以申请领购发票，属于法定的发票领购对象。

（2）依法不需要办理税务登记的单位，发生临时经营业务需要使用发票的，可以凭单位介绍信和其他有效证件，到税务机关代开发票。

（3）临时到本省、自治区、直辖市以外从事经营活动的单位和个人，凭所在地税务机关开具的外出经营税收管理证明，在办理纳税担保的前提下，可向经营地税务机关申请领购经营地的发票。

（二）发票领购手续

按照发票管理法规的规定：申请领购发票的单位和个人应当提出购票申请，提供经办人身份证明、税务登记证件及财务印章、发票专用章的印模等资料，经主管税务机关审核后发给发票领购簿。领购发票的单位和个人凭发票领购簿核准的种类、数量以及购票方式，向主管税务机关领购发票。需要临时使用发票的单位和个人，可以直接向税务机关申请办理发票的开具。

对于跨省、市、自治区从事临时经营活动的单位和个人申请领购发票，税务机关要求提供保证人，或者缴纳不超过 10000 元的保证金，并限期缴销发票。

256 什么是纳税申报，需要申报哪些材料？

纳税申报是指纳税人按照税法规定定期就计算缴纳税款的有关事项向税务机关提出的书面报告，是税收征收管理的一项重要制度。

纳税人必须依照法律、行政法规规定或者税务机关依照法律、行政法规的规定确定的申报期限、申报内容如实办理纳税申报，报送纳税申报表、财务会计报表以及税务机关根据实际需要要求纳税人报送的其他纳税资料。具体包括：

（1）财务会计报表及其他说明材料；

（2）与纳税有关的合同、协议书及凭证；

（3）税控装置的电子报税资料；

（4）外出经营活动税收管理证明和异地完税凭证；

（5）境内或者境外公证机构出具的有关证明文件；

（6）税务机关规定应当报送的其他有关证件、资料。

扣缴义务人必须依照法律、行政法规规定或者税务机关依照法律、行政法规的规定确定的申报期限、申报内容如实报送代扣代缴、代收代缴税款报告表以及税务机关根据实际需要要求扣缴义务人报送的其他有关资料。具体包括：税种、税目，应纳税项目或者应代扣代缴、代收代缴税款项目，计税依据，扣除项目及标准，适用税率或者单位税额，应退税项目及税额，应减免项目及税额，应纳税额或者应代扣代缴、代收代缴税额，税款所属期限、延期缴纳税款、欠税、滞纳金等。

257 纳税申报的方式有哪些？

经税务机关批准，纳税人、扣缴义务人可以直接到税务机关办理纳税申报或者报送代扣代缴、代收代缴税款报告表，也可以按照规定采取邮寄、数据电文方式办理上述申报、报送事项。

（1）**自行申报**。纳税人、扣缴义务人按照规定的期限自行到主管税务机关办理纳税申报手续。

（2）**邮寄申报**。经税务机关批准，纳税人、扣缴义务人可以采取邮寄申报的方式，将纳税申报表及有关的纳税资料通过邮局寄送主管税务机关。

（3）**电文方式**。数据电文方式，是指税务机关确定的电话语音、电子数据交换和网络传输等电子方式。纳税人采取电子方式办理纳税申报的，应当按照税务机关规定的期限和要求保存有关资料，并定期书面报送主管税务机关。

（4）**代理申报**。纳税人、扣缴义务人可以委托注册税务师办理纳税申报。

258 纳税申报的具体要求是什么？

（1）纳税人、扣缴义务人，不论当期是否发生纳税义务，除经税务机关批准外，均应按规定办理纳税申报或者报送代扣代缴、代收代缴税款报告表。

（2）实行定期定额方式缴纳税款的纳税人，可以实行简易申报、简易征期等申报纳税方式。

（3）纳税人享受减税、免税待遇的，在减税、免税期间应当按照规定办理纳税申报。

（4）纳税人、扣缴义务人按照规定的期限办理纳税申报或者报送代扣代缴、代收代缴税款报告表确有困难，需要延期的，应当在规定的期限内向税务机关提出书面延期申请，经税务机关核准，在核准的期限内办理。

纳税人、扣缴义务人因不可抗力，不能按期办理纳税申报或者报送代扣代缴、代收代缴税款报告表的，可以延期办理；但是，应当在不可抗力情形消除后立即向税务机关报告。税务机关应当查明事实，予以批准。

经核准延期办理前款规定的申报、报送事项的，应当在纳税期内按照上期实际缴纳的税额或者税务机关核定的税额预缴税款，并在核准的延期内办理税款结算。

(259) 纳税人怎样进行纳税申报？

纳税人办理纳税申报时，应当如实填写纳税申报表，并根据不同的情况相应报送下列有关证件、资料：

（1）财务会计报表及其说明材料；

（2）与纳税有关的合同、协议书及凭证；

（3）税控装置的电子报税资料；

（4）外出经营活动税收管理证明和异地完税凭证；

（5）境内或者境外公证机构出具的有关证明文件；

注意，纳税人在纳税期内没有应纳税款的，也应当按照规定办理纳税申报。纳税人享受减税、免税待遇的，在减税、免税期间应当按照规定办理纳税申报。

(260) 纳税人怎样办理延期申报？

纳税人因特殊原因在征收期内不能按时申报的，可以在征收期结束前五日内填写延期申报申请表报主管税务所（分局），税务机关审批后，下达核准延期申报通知书给纳税人。

纳税人或扣缴义务人经主管税务机关批准，延期向税务机关办理纳税申报、报送纳税申报表、代扣代缴或代收代缴税款报告表及其他纳税资料的行为。在正常情况下，纳税人必须按期进行纳税申报，只有因特殊困难，才能在规定的期限内向税务机关提出书面延期申请，经税务机关核准，在核准的期限内办理。

　　所谓特殊困难，一般有以下几方面：

　　（1）受自然灾害影响，如风灾、水灾、地震等自然灾害，使生产、经营面临危险的；

　　（2）因意外事故、突发事件的发生，如因建筑物倒塌、主要设备严重损坏、火灾等，造成短期内需要大量资金投入维修或者恢复生产的；

　　（3）因三角债或债务链造成短期贷款拖欠，流动资金困难的；

　　（4）其他特殊困难。如按财会制度规定，纳税人的应税产品销售成立，已经申报了税款，但贷款尚未回收，资金没有到位，造成短期内纳税有困难的等。

(261) 什么是税务检查？

　　税务检查是税务机关依照税收法律、行政法规的规定，对纳税人、扣缴义务人履行纳税义务或者扣缴义务及其他有关税务事项进行审查、核实、监督活动的总称。它是税收征收管理工作的一项重要内容，是确保国家财政收入和税收法律法规贯彻落实的重要手段。

(262) 税务检查的形式与方法有哪些？

（1）检查纳税人的账簿、记账凭证、报表和有关资料；检查扣缴义务人代扣代缴、代收代缴税款账簿、记账凭证和有关资料。

（2）到纳税人的生产、经营场所和货物存放地检查纳税人应纳税的商品、货物或者其他财产；检查扣缴义务人与代扣代缴、代收代缴税款有关的经营情况。

（3）责成纳税人、扣缴义务人提供与纳税或者代扣代缴、代收代缴税款有关的文件、证明材料和有关资料。

（4）询问纳税人、扣缴义务人与纳税或者代扣代缴、代收代缴税款有关的问题和情况。

（5）到车站、码头、机场、邮政企业及其分支机构检查纳税人托运、邮寄应纳税商品、货物或者其他财产的有关单据、凭证和有关资料。

（6）经县以上税务局（分局）局长批准，凭全国统一格式的检查存款账户许可证明，查核从事生产、经营的纳税人、扣缴义务人在银行或者其他金融机构的存款账户；税务机关在调查税收违法案件时，经设区的市、自治州以上税务局（分局）局长批准，可以查询案件涉嫌人员的储蓄存款，税务机关查询所获得的资料，不得用于税收以外的用途。

税务机关派出的人员进行税务检查时，应当出示税务检查证件；无税务检查证件，纳税人、扣缴义务人及其他当事人有权拒绝检查。同时，被检查的纳税人、扣缴义务人及其他当事人应如实反映情况，提供资料，不得拒绝、隐瞒。

263 对于纳税人违反税务管理的行为怎样进行处罚？

（1）纳税人有下列行为之一的，由税务机关责令限期改正，可以处以2000元以下的罚款；情节严重的，处以2000元以上10000元以下的罚款：

① 未按照规定的期限申报办理税务登记、变更或注销登记的；

② 未按照规定设置、保管账簿或者保管记账凭证和有关资料的；

③ 未按照规定将财务、会计制度或财务会计处理办法和会计核算软件报送税务机关备案的；

④ 未按照规定将其全部银行账号向税务机关报告的；

⑤ 未按照规定安装、使用税控装置，或者损毁或者擅自改动税控装置的；

⑥ 纳税人未按照规定办理税务登记证件验证或者换证手续的。

（2）纳税人不办理税务登记的，由税务机关责令限期改正；逾期不改正的，经税务机关提请，由工商行政管理机关吊销其营业执照。

纳税人未按照规定使用税务登记证件，或者转借、涂改、损毁、买卖、伪造税务登记证件的，处2000元以上10000元以下的罚款；情节严重的，处10000元以上50000元以下的罚款。

（3）扣缴义务人未按规定设置、保管代扣代缴、代收代缴税款账簿或者保管代扣代缴、代收代缴税款记账凭证及有关资料的，由税务机关责令改正；可处以2000元以下的罚款；情节严重的，处2000元以上5000元以下的罚款。

（4）纳税人、扣缴义务人未按规定的期限办理纳税申报和报送纳税资料的，或者扣缴义务人未按照规定的期限向税务机关报送代扣代缴、代收代缴税款报告表和有关资料的，由税务机关责令限期改正，可处以 2000 元以下的罚款；情节严重的，可处以 2000 元以上 10000 元以下的罚款。

264 对于纳税人的欠税行为怎样进行处罚？

欠税是指纳税人、扣缴义务人逾期未缴纳税款的行为。纳税人欠缴应纳税款，采取转移或者隐匿财产的手段，妨碍税务机关追缴欠缴的税款的，由税务机关追缴欠缴的税款、滞纳金，并处以欠缴税款 50% 以上五倍以下的罚款，构成犯罪的，依法追究刑事责任。扣缴义务人应扣未扣、应收而不收税款的，由税务机关向纳税人追缴税款，对扣缴义务人处应扣未扣、应收未收税款 50% 以上三倍以下罚款。

265 对于纳税人的偷税行为怎样进行处罚？

偷税是指纳税人采取伪造、变造、隐匿、擅自销毁账簿、记账凭证，在账簿上多列支出或者不列、少列收入，或者经税务机关通知申报而拒不申报或者进行虚假的纳税申报的手段，不缴或者少缴应纳税款的行为。

对纳税人偷税的，由税务机关追缴其不缴或少缴的税款、滞纳金，并处不缴或者少缴的税款 50% 以上五倍以下的罚款；构成犯罪的，依法追究刑事责任。

扣缴义务人采取前款所列手段，不缴或者少缴已扣、已收税款，由税务机关追缴其不缴或者少缴的税款、滞纳金，并处不缴或者少缴的税款 50% 以上五倍以下的罚款；构成犯罪的，依法追究刑事责任。

纳税人、扣缴义务人编造虚假计税依据的，由税务机关责令限期改正，并处 50000 元以下罚款。

纳税人不进行纳税申报，不缴或者少缴应纳税款的，由税务机关追缴其不缴或者少缴的税款、滞纳金，并处不缴或者少缴税款 50% 以上五倍以下的罚款。

(266) 对于纳税人的抗税行为怎样进行处罚？

抗税是指纳税人、扣缴义务人以暴力威胁方法拒绝缴纳税款的行为。依照《征管法》及《刑法》有关条款的规定，情节轻微、未构成犯罪的，由税务机关追缴其拒缴的税款、滞纳金，并处以拒缴税款一倍以上五倍以下的罚款。构成犯罪的，处三年以下有期徒刑或者拘役，并处拒缴税款一倍以上五倍以下罚金；情节严重的，处三年以上七年以下有期徒刑，并处拒缴税款一倍以上五倍以下罚金。以暴力方法抗税，致人重伤或者死亡的，按伤害罪、杀人罪从重处罚，并处罚金。

(267) 对于纳税人的行贿行为怎样进行处罚？

纳税人向税务人员行贿，不缴或者少缴应纳税款的，依照《刑法》行贿罪追究刑事责任，并处不缴或者少缴的税款五倍以下的罚金。《刑法》第 390 条规定："对犯行贿罪的，处五年以下有期徒刑或者拘役；因行贿谋取不正当利益，情节严重的，或者使国家利益遭受重大损失的，处五年以上十年以下有期徒刑；情节特别严重的，处十年以上有期徒刑或者无期徒刑，可以并处没收财产。"

(268) 对于纳税人的骗税行为怎样进行处罚？

骗税是指纳税人以假报出口或者其他欺骗手段，骗取国家出口退税款的行为。依照《征管法》及《刑法》有关条款的规定，由税务机关追缴其骗取的出口退税款，并处骗取税款一倍以上五倍以下的罚金。构成犯罪的，即以假报出口或者其他欺骗手段，骗取国家出口退税款，数额较大的，处五年以下有期徒刑或者拘役，并处骗取税款一倍以上五倍以下罚金，数额巨大或者有其他严重情节的，处五年以上十年以下有期徒刑，并处骗取税款一倍以上五倍以下罚金；数额特别巨大或者有其他特别严重情节的，处十年以上有期徒刑，或者无期徒刑，并处骗取税款一倍以上五倍以下罚金或者没收财产。

纳税人缴纳税款后，采取前款规定的欺骗方法，骗取所缴纳的税款的，依照《刑法》第201条规定处罚；骗取税款超过所缴纳的税款部分，依照前款规定处罚。

对骗取国家出口退税款的，税务机关可以在规定的期间内停止为其办理出口退税。

(269) 对于纳税人的其他违法行为怎样进行处罚？

（1）非法印制、转借、倒卖、变造或者伪造完税凭证的，由税务机关责令改正，处2000元以上10000元以下的罚款；情节严重的，处10000元以上 50000 元以下的罚款；构成犯罪的，依法追究刑事责任。

（2）银行及其他金融机构未依照《征管法》的规定在从事生产、经营的纳税人的账户中登录税务登记证件号码，或者未按规定在税务登记证件中登录从事生产、经营的纳税人的账户账号的，由税务机关责令限期改正，处 2000 元以上 20000 元以下的罚款；情节严重的，处 20000 元以上 50000 元以下的罚款。

（3）为纳税人、扣缴义务人非法提供银行账户、发票、证明或者其他方便，导致未缴、少缴税款或者骗取国家出口退税款的，税务机关除没收违法所得外，可以处未缴、少缴或者骗取的税款一倍以下的罚款。

（4）税务机关依照《征管法》，到车站、码头、机场、邮政企业及其分支机构检查纳税人有关情况时，有关单位拒绝的；由税务机关责令改正，可以处 10000 元以下的罚款；情节严重的，处 10000 元以上 50000 元以下的罚款。

《做对三件事，人生不瞎忙》

书号：ISBN 978-7-5158-2130-6

定价：42.00 元

《做一个自带光芒的洒脱女人》

书号：ISBN 978-7-5158-2181-8

定价：38.00 元

《送给父母玩的脑动力游戏》

书号：ISBN 978-7-5158-2157-3

定价：38.00 元

《幸福是奋斗出来的》

书号：ISBN 978-7-5158-2273-0

定价：42.00 元

《做一个有担当的好员工》

书号：ISBN 978-7-5158-2385-0

定价：42.00 元

《新时代的敬业精神》

书号：ISBN 978-7-5158-2412-3

定价：42.00 元